一枚ポートフォリオ評価論
One Page Portfolio Assessment

OPPA

堀 哲夫 監修
中島雅子 編著

でつくる授業

小学校編

東洋館出版社

本書の前身にあたる『一枚ポートフォリオ評価論　OPPAでつくる授業』(2022年12月)が出版されてまだ一年ほどしか経たない。幸いにも、前著は多くの支持者に恵まれて版を重ねてきている。独断の嫌いはあるがその理由を考えてみると、以下の4点をあげることができる。

一つめは、OPPA論が教育の本質に関わるからであろう。教育の本質とは「学習者や教師の成長」である。実際の学習や授業においてそれが可能になるところにOPPA論の特徴がある。「学習者や教師の成長」は、言い換えると「学習者や教師の望ましい変容」である。OPPA論はたった一枚の用紙を用いて、学習者の変容を具体的に可視化することを実感できる。教育実践と教育の本質が直接関わり合うことは、口で言うのはたやすいが実際はとても難しい。

二つめは、OPPA論で展開されている理論と実践が、学習や授業で機能しているからであろう。それは「学習と指導と評価の一体化」である。つまり、学習や授業において形成的評価が適切に機能するということである。形成的評価は教育実践においてきわめて重要な役割を果たしているのだが、具体的にどのようにしたらよいのか不明確であった。OPPA論が一つの方法を具体化したと言えるだろう。

三つめは、OPPA論では評価を行うことを通して学習者の資質・能力の育成を謳っているが、それが実際に可能なことである。ここでいう資質・能力は、主として「メタ認知」の能力である。これまで、評価を行うこと自体が資質・能力を育成するという考え方はなかった。評価は評価そのものの中で展開されてきたのである。OPPA論は、言い過ぎかもしれないのだが、評価には目的・目標を超えた力があると考えている。それが評価を行うことによって資質・能力を育成するという意味である。

四つめは、執筆にあたっての原稿モデルが明確になっていたことである。これは当たり前のことかもしれないのだが、実際にはなかなか難しい。前著の執筆には、何人かの先生がおよそ2年近くをかけ、何度も何度も検討と修正を繰り返して出来上がったのである。10回以上修正をされた人もいる。全く頭が下がる思いである。このような努力の結晶として上記3点が明確になり、読者にとって理解しやすい形になったのではないかと思う。

上記に加えて、執筆してくださった先生の力量に支えられた点も大きいと考えられる。本書についてもこれらのことが実現できていることは言うまでもない。

今回、特筆すべきは教育現場の先生に加えて、みずほリサーチ＆テクノロジーズ株式会社の方々にもOPPA論の可能性について執筆していただいたことである。記して感謝したい。その内容は本書の編者である中島先生との共同研究の成果の一部である。このような形で学習と授業に関する共同研究ができることは、とても珍しいと思われる。教育実践の現場でも難題が多い時代に、こうした共同研究が新たな課題解決の可能性を開くことにつながれば、これに勝る喜びはない。

今回も多くのすぐれた実践例に出会えたことはとてもありがたく、監修者としての深い喜びを味わうことができた。その深い喜びとは、例えば教師の真剣な授業に対する学習者の想像を超えた素晴らしい実態がひしひしと伝わってくることである。それを実現可能にした執筆者のみなさんに心から感謝したい。願わくば、この喜びを読者のみなさんにも味わっていただければと思う。

2024年1月

堀　哲夫

監修にあたって

はじめに

　本書の出版に向けて執筆者との打ち合わせを重ねる中で、編者として得た印象をここに記しておきたい。

　第一に、誇りと熱意である。多忙と言われる学校現場であるが、執筆者のほとんどが、所属校の要となる業務をこなしていた。そのような状況であっても学習・授業改善に対する熱意が強く感じられた。例えば、OPPシートにコメントする時間が取れない」との声があるが、これについても忙しい中で継続するための工夫があった。それは、教師としての経験によるものも多かったが、何よりも、教育の学術書や「OPPA論研修会」にて得られた知見を取り入れている印象が大きい。そのような本をいつ読む時間があるのだろうかと思う読者もいるかもしれない。しかし、何よりもそういった時間を優先させていることにプロとしての意識を感じた。打ち合わせも2〜3時間に及ぶことも多く、児童の声を届けたい気持ちがひしひしと伝わってきた。

　第二に、児童に対する温かい眼差しである。教師は「指導者」とされるが、執筆者の口々から「子どもに教えられた」との声を何度も聞くことができた。もちろん指導する立場であることには変わりはないが、指導者というよりは支援者、ファシリテーターという印象だ。これは、OPPシートに可視化された学びの実相によるものが大きいと思われる。なぜならば、OPPシートが、自分自身の教育活動の鏡となることで必然的に実践の省察を促すからだ。まさに学習者による教師の省察の瞬間が、本書の編集過程でも多く見られた。

　第三に、OPPA論を広めたいという思いである。大変光栄なことに『一枚ポートフォリオ評価論OPPAでつくる授業』((東洋館出版社、2022年12月) は多くの読者の支持を得て、これまで版を重ねることができた。実際に、OPPA論を活用されている先生方が多いことも多方面から耳にする。本書の出版にあたり、その多くの実践を知る機会を得た。それらの中には、OPPシートに大きなアレンジを加えたものであったり、OPPシートを成績付けに利用している事例であったりと、残念ながら本書の趣旨とは異なるものがあった。これらは、OPPA論の研究者としての編者自身の問題だと捉え、OPPA論の機能を十分に活用されるための情報発信の必要性を実感している。

　さらに、今回は、みずほリサーチ&テクノロジーズ株式会社との共同研究の成果の一部を掲載することができた。この共同研究は、これまで教育関係者の中で研究を行ってきた私にとって大きな出来事となった。これをきっかけとして、産業界の方々と関わる機会が増え、「人材育成」において、OPPA論への関心の大きさを実感している。社会人教育を含めた人材育成理論として一般社会からも注目を浴びていることは大変光栄であるとともに、責任の重大さを感じている。これは、OPPA論の可能性を示すものであり、多くの実践者の一助になればと願う。

　以上、執筆者の思いとともに本書を手にとっていただけると幸いである。

2024年1月
中島雅子

監修にあたって ………… 1

はじめに ………… 2

第1章 理論 編

1 OPPA論は「問い」が命 ………… 6

2 小学校でOPPAを使うと何ができるのか ………… 19

3 いま注目の非認知能力とは−OPPA論の可能性− ………… 29

第2章 実践 編

1 学びに向かう力 児童の言葉の意味を読み取る工夫
素直な喜びが教師の活力に［1年生活］………… 38

2 学びに向かう力 命は、なぜ大切なのか
あなたならどう答える?［5年理科］………… 46

3 自己調整学習 1年生が実感する成長の喜び
OPPシートで見取る音読の工夫［1年国語］………… 54

4 自己調整学習 整った文字って何だろう?
めあて達成に向けたOPPシートの活用［5年書写］………… 62

5 自己調整学習 自分の課題を追究する「学びのストーリー」
できる楽しさを実感する授業［6年体育］………… 70

6 パフォーマンス課題 長さって何?
　　　　　　　1年生だって、自分でできるもん! [1年算数] ………… 78

7 授業改善 「書けない」児童が教えてくれたこと
　　　　　OPPシートだから見取ることができた児童の実態 [3年理科] ………… 86

8 授業改善 「教師主体」から「学習者主体」へ
　　　　　見えない頭の中を可視化 [4年算数] ………… 94

9 授業改善 児童自身が「気付きの質」を高める授業
　　　　　学びを言語化するOPPシート [1年体育] ………… 102

10 単元のつながり 生きるとはどういうことか
　　　　　単元を超えて、児童に、自分に問い続ける [6年理科] ………… 110

11 学級経営 学級目標と向き合う児童の姿
　　　　　OPPシートは学級経営の強い味方 [2年] ………… 120

12 教員養成 OPPシートで教育実習生の指導
　　　　　経験が浅くても伝えられる教師の魅力 [教育実習] ………… 128

付録　OPPシートのテンプレート ………… 136

おわりに ………… 138

第1章

——

理論編

1.学習や授業における「問い」の問題点

教育実践において、「問い」はきわめて重要な役割を果たしている。しかし、それが研究としての視点から必ずしも十分に検討されてきているとは言えない。その理由として、一つには、あまりに身近な存在であるため、当たり前すぎて今さら研究に取り上げるまでもない、と考えられているからであろう。もう一つは、教育実践にはあまりにも多くの要素が複雑に絡まっており、「問い」の研究の取っ掛かりが見えにくいからであろう[1]。

これまでの学習や授業における「問い」の問題点として、以下の5点をあげることができる。

①主として「知識」の確認が中心となっていたこと

言い換えると一問一答式で、記憶に依存するものが多かった。そこには、あいまいさや多義性などを避け、正確さを求めるという配慮を伺うことができる。しかし、それに頼りすぎると学習者固有の素朴概念や一人一人の現下の認知発達水準である最近接発達領域を探ることはできない。学習や授業にとって、素朴概念の把握や最近接発達領域の明確化は欠かすことができないからである。

②学習効果の実態を把握する視点が欠如していたこと

一つめの問題点からも明らかなように、「知識」などの確認を重視すれば、学習効果の確認もその点に限定されがちである。学習により何がどう変わるのか変わらないのか、それについてどう思うのかなどの非認知的側面なども学力形成において重要であり、それらの実態が明らかにされる必要があるだろう。

③制御や調整など、主に学習の機能に関わる視点が欠如していたこと

つまり、学習をさらに効果的にしたり深めたりする視点が欠如していたことである。学習や授業において、まず基礎的な事項を獲得させることに中心が置かれるのは当然であり、時間の制約もあって軽視されてきたのかもしれないが、工夫次第でこうした視点も取り入れるべきである。学習の機能に関わる「問い」は、学ぶ意味や必然性、価値などときわめて深く関係しているからである。

④問題解決の過程を踏まえた「問い」となっていないこと

学習や授業におけるこの視点は、学ぶことの変容や改善と深く関わっている。この視点を欠くと、学習や指導と評価の一体化を図ることができず、結果として、資質・能力の育成も難しくなるだろう。

⑤メタ認知の非認知的要素に関わる「問い」がほとんどないこと

p.14の図4で示すように、メタ認知に関わる要素には「価値づけ」がある。この「価値づけ」の要素が「問い」に含まれないことが問題であると考えられる[2]。学習者の学びを支えている

感情、例えば「学びが自分を変えてくれるので もっと学びたい」「うれしい」「すごい」などの 感情に対して、それを自覚させることがきわめ て重要である。

　これからの学習や授業における「問い」に求 められているのは、「重要なこと」を絶えず確 認し、適切な働きかけをすることである。その ためには、多様な表現をパフォーマンス評価で きる「問い」を学習や授業に組み込み、学習の 実態をできるだけ適切に可視化していくことが 求められている。そうでなければ、学習や指導 と評価の一体化はあり得ないだろう。

　上記の問題点を克服するために、学習や授業 において、どのような「問い」を設定すればよ いのだろうか。

2. OPPシートの構成要素と 「問い」の機能

　本節では、OPPA（One Page Portfolio As-sessment）論で用いられているOPPシート （One Page Portfolio Sheet）の「問い」を中 心にして検討する[3]。まず、OPPシートはどの ようなものか、その構成要素をくわしく見てみ よう。

(1) OPPシートの 基本的構成要素と骨子

　OPPシートは、通常は教科の1単元を基本と して作成されることが多く、学習や授業におけ る必要最小限の情報を最大限に活用するという 目的のもとに、次の四つの要素から構成されて いる（図1参照）[4]。
I　「単元タイトル」
II　学習による変容が見える「学習前・後の本

質的な問い」
III　学習過程で適宜記録する「学習履歴」
IV　学習後に全体を振り返る「自己評価」

　これら四要素は、学習による変容が可視化で きるように、一枚の用紙の中に配列される。四 要素は、OPPシートにおいて必須の要素であり、 どれを欠いても目的を達成することができない。

　OPPシートの要素の中で、「単元タイトル」 については「問い」を省くこともあるが、他の 要素についてはすべて「問い」が設定されてい る。

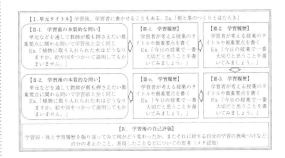

図1　OPPシートの基本的構成要素と骨子

(2) OPPシートの 構成要素と「問い」

　学習者は必要に応じて、シートに求められて いる「問い」に回答していく。その各「問い」 では、何が求められているのだろうか。

①「学習前の本質的な問い」：素朴概念な どの実態把握

　まず、はじめに求められているのは「学習前 の本質的な問い」である。この「問い」は、学 習や授業でどうしても押さえたい内容やその本 質に関わるものである。学習前・後の比較がで きるように「学習後の本質的な問い」と全く同 じものとする。それゆえ、この「問い」は学習 前に正答となるようなものではなく、一人一人

の環境や経験などに応じて、広がりと深まりを引き出すことができるものが望ましい。多少、抽象的な問いであっても、何らかの形で表現できるものであればよいと考えている。

また、この「問い」により、既有の知識や考えである素朴概念を把握することが求められている。例えば、日常的に用いられている「力」という用語について、「力とは何ですか」というように問う。さらに、もっと一般的な教育の本質に関わるものもある。例えば、「学ぶとはどういうことですか」という問いがある。学習前なので、必ずしも十分に表現できなくても、また適切な回答でなくてもいっこうに構わない。

素朴概念や教育の本質に関わる「問い」の作成には、学習者に形成・獲得してほしい長期的な目的を見据える必要があるので、教師の専門的力量が問われることになる。

②「学習履歴」における「問い」:「問い」と「回答」の往還

学習履歴における「問い」とは、多くの場合、毎授業時間の終了後、「今日の授業で一番大切なこと」を問う。そこでは、学習者自身が考え、どのようにまとめるかを判断し、自分の言葉で表現すること、つまり「思考力、表現力、判断力等」が求められている。「学習履歴」で毎回同じ問いかけをされることによって、学習者は毎時間の授業に真剣に取り組むようになるばかりでなく、「どのようにまとめたらよいのか」を考えながら授業に取り組むようになることが報告されている。

しかし、すべての学習者が教師の求めている適切な回答を最初から返せるわけではない。学習結果の不適切な部分を修正・改善していくこと、またたとえ適切であったとしても、さらに深め発展させていくことが求められている。そ

のためには、教師のコメントが重要となってくる。また、「学習履歴」にもし授業と関係のないことが書かれていたとすれば、その授業は教師の意図が学習者に伝わらなかったという授業評価につながっている。

「授業の一番大切なこと」を問い、その回答を確認するにあたって、学習者一人一人の最近接発達領域を確認し、それに働きかけることが重要である。最近接発達領域とは、学習者が物事を認識できる現時点における能力をさす。最近接発達領域の学習や授業における重要性は、これまでにも繰り返し説かれてきたが、それをどのように確認し、働きかけをどう行えばよいのかについての研究はほとんど行われてきていない。最近接発達領域を明確にして、それに働きかけ可視化することは、学習による変容と深く関係しているので、学ぶ意味や必然性、自己効力感を感得する上で、きわめて重要である。

③「学習後の本質的な問い」:科学的概念の獲得状態の確認

次に「学習後の本質的な問い」であるが、これは学習前と全く同じものを用いる。その理由は、学習前・後を比較して何がどのように変わったのか、学習による変容を可視化するためである。つまり、学習前の素朴概念が学習や授業により科学的概念に変容し、それにより日常生活の見方や考え方が変わるとき、そこには驚きや喜び、楽しみ等々の何らかの感情を伴う。「なんで勉強しなければいけないのか」などの勉強に対する不信感は、多くの場合、学ぶことにより自分がよりよく変わった、という実感をもてないからであると考えられる。それゆえ、学習による変容を可視化する意味はきわめて大きい。

このように学習前・後に同じ「問い」を設定し、その変容を確認するという方法はほとんど

行われてこなかった。

④学習全体を振り返る「自己評価」における「問い」：メタ認知の実態の確認

　学習後の「自己評価」における「問い」は、「学習を通して何がどのように変わりましたか、また変わりませんでしたか。考えが変わったとすれば、そのことについてどのように思いますか」となっている。

　自己評価は、学習者自身が自己の学習状況を把握し修正・改善するためにきわめて重要であるが、これまで「今日の学習は面白かったですか」「うまく発表できましたか」などのように、「はい」「いいえ」で回答できる「問い」の自己評価が大半を占めていた。何がどのように面白かったのか、何がどうできたからうまく発表できたのかなどが明らかにならないので、学習成果を活用し発展させることができなかった。とりわけ問題なのは、自己評価がメタ認知の能力育成にきわめて重要な働きをしているにもかかわらず、不適切な扱いを受けてきたことである。

　もう一つこれまでの自己評価の問題点をあげれば、OPPシートのような学習履歴に基づいた具体的変容による振り返りが行われてこなかったことである。つまり、学習成果である具体的事実を基礎にした自己評価でなければ、何を根拠にしているのかが明確でなく、どうしても恣意的かつ主観的になる。自己評価を、学習の成果として活用できるようにするためには、学習履歴のような具体的事実をもとにすることが求められている。

　本来の自己評価は、学ぶことの意味や必然性、自己効力感などを引き出し、メタ認知の能力を育成するものであると考えられる。

⑤OPPシートのその他の「問い」：学習を把握する能力の育成

　OPPシートは、上で述べた四つの「問い」以外にも二つの「問い」を設定することができる。

　一つめは、シートの表紙である。シートの表紙は、ふつう単元や学習題目、学年、組、氏名などが書かれている。それに加えて単元名の下に空欄の四角い枠を書き、全授業終了後に枠内に学習者が自分で考えたタイトルを付けさせるという「問い」があげられる。要するに、学習や授業全体を一言で表現するとどのように言えるかである。このとき、次の二点が大事である。
1) 最初にOPPシートを配付したとき、全授業終了後にタイトルを付けてもらうと学習者に約束しておくこと。
2) OPPシートの教師が書いた単元や学習題目名は無視してよく、自分の思い通りのものでよいと伝えること。
このように働きかけることにより、多くの場合、「単元が終わったらどんなタイトルを付けようか？」と考えながら授業を受けるようになる。ここにも、高度ではあるが「思考力、判断力、表現力等」を育成するきわめて大切な手がかりが潜んでいる。

　さて、もう一つの「問い」であるが、学習履歴欄の四角の中の上の方にもう一つ四角い枠を設け、そこにその日の授業タイトルを付けさせるというものである。学習履歴として「授業の一番大切なこと」に加え、授業のタイトルを考えさせるのである。これも授業の最初に伝えておくとよい。このようにすれば、「今日の授業のタイトルは何にしようか？」と考えながら授業に取り組むようになるため、先生任せで授業を受けるのとは全く違ってくる。これは、学習者の主体性を発揮するという意味からも検討し

てみる価値は大きいだろう。

　OPPシートを構成する要素のどれもが必須であることはすでに指摘したが、もう一つ必須の事項を指摘しておきたい。それは、「学習履歴」および「自己評価」の「問い」の内容を、②と④で述べたように設定することである。それぞれの「問い」は必然性をもって設定されていることを、どうしても理解してほしい。「本質的な問い」に関しては、当該の学習や授業に合わせて、教師が作成するようになっているが、①で述べた要件を満たす必要がある。

■ (3) OPPシートを構成する要素の「問い」と時系列

　OPPシートを構成する要素の「問い」に学習者がいつ回答するかについては、これまでの検討の中でもふれてきたが、全体を通してみると図2のようになる。

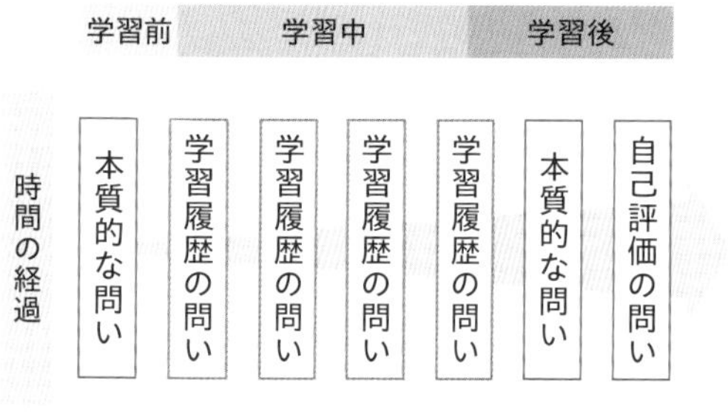

図2 OPPAシート構成要素の「問い」と
　　 時系列の関係

　図2は、真ん中に時間経過を示す矢印が書かれている。この矢印が左から右に広がっているのは、学習者の回答がいつも同じなのではなく、学習により絶えず変化し、質的にも深まりをもって変容していくことを示している。このとき、学習が一点に向かって収斂していくのではなく、学習者の思考がむしろ深まりながら広がりをもつ、つまり学ぶことが次につながっていくとい

う連続性と開放性をもつことを意味している。

　この図から明らかなように、学習前に「本質的な問い」に回答した後、適宜、学習履歴の「問い」に回答する。そして最後に学習後の「本質的な問い」と自己評価の「問い」に回答するようになっている。こうした各要素の「問い」が、目的を達成するための、あたかも一本の串のような時間軸で貫かれていることも理解できよう。

　OPPシートを構成する各要素の「問い」と時系列について、以下3点を留意したい。

① 「学習前・後の本質的な問い」「学習履歴」「自己評価」という四つの「問い」を必ず図2の順序で入れること

　どれかが欠けたり、内容や時系列を変えたりするとOPPシートを使う意味がなくなる。OPPシートの変形版を見かけることがあるが、それでは学習や授業の実態に迫ることができない。例えば、次のような事例がある。授業で学んだ用語や概念などの関係を線で結ぶコンセプトマップを書かせるとき、学習前と後に書かせるだけで終わるという[5]。これでは、なぜマップを書いたのか学習者にはわからないだろう。学習前と後では何が、なぜ、どのように変わり、それについてどう思うのかなどを問わなければ学ぶ意味は伝わらない。要は、誰のために、何のために、どのような方法で評価を行うかである。教育評価は、資質・能力を育成するためのものであることを強く主張しておきたい。

② 「問い」に対する回答に、教師が点数を付けないこと

　誤解のないように言っておけば、点数を付けないということは全く評価しないという意味ではない。教師が、「こうあってほしい」「これだけは身に付けてほしい」「こう書いてほしい」

などの強い意思をもって授業をするのは当然である。それを、学習者に直接見せてはならないということである。その理由は、それが明示的であろうとなかろうと、無意識に教師の意向に従いがちになるからである。図2の「問い」は、いわゆる正答といわれるものを提示しにくいような内容になっている。学習者は一人一人で見方や考え方が異なっており、多種多彩な実態をできる限り知りたいからであり、それに基づいた学習や授業を考えたいからである。学ぶということの本質は、学習者の本音を知ることから始まるのだと考えているからでもある。

③OPPシートの求める「問い」に学習者が自分で考え、判断し、自分の表現方法で回答すること

もちろん、最初からそのようにできないこともあるので、それができないときは、ノートや教科書を写してもよいのだが、次第に自分自身の表現が可能になるよう適切な指導を行う必要がある。例えば、文章で表現するときに、何も書けないときは単語でもよいから書いてみるように働きかけるところから始める。単語が書ければ、単語の前に主語をつけ、後ろに述語を付ければ一文になる。一文が書ければ、次に二文というように、文章にする指導が必要になってくる。それが、次第に学習者自身の独自性をもった表現になっていくことが資質・能力の育成に他ならない。

以上、OPPシートを使用する際の主な留意点を三つあげたが、冒頭で指摘した「問い」の研究が不十分であるという問題を克服する上でも重要である。また、学習指導要領が求めている資質・能力の育成には教育評価観の転換が必要となるが、それを検討するための視点にもなると考えられる。

3.OPPシートの「問い」と メタ認知の関係

次に、OPPシートの「問い」とメタ認知の関係について検討する。まず、OPPシート全体の「問い」の設定が、学習や授業における目的、目標、方法、評価と深く関わっているので詳しく見てみたい。なお、OPPシートのどの「問い」もメタ認知の把握や育成に関わっているのだが、主にどの「問い」が深く関わっているかという視点から検討する。

■(1)OPPシートの「問い」と目的・目標、方法、評価の関係

教育実践において重要と考えられるのは、抽象的な言い方ではあるが、「問い」が「遠く」「広く」「深く」という要素をもつことであると考えられる。「遠く」とは、高い目的・目標を掲げることであり、「広く」とは、いろいろな目的・目標を網羅できることであり、「深く」とは「遠く」「広く」掲げた目的・目標を「深く」追究することである。教育実践における「問い」も、こうした要素をもつことが求められている。そうでなければ教育の目的・目標は、ただ単に掲げられるだけで達成されることはあり得ないからである。OPPシートの「問い」はこうした要素も意識して設定されている。

教育は、崇高な目的を掲げ、それをいかにして達成するのかであり、「遠く」「広く」目的を設定する必要がある。また、教育方法や評価は「広く」「深く」という視点が欠かせない。たとえ1単位時間の授業であっても、広い視野をもち、遠くにある高い理想を目指し、具体的な方法論に基づいて学習や指導を行い、適切な評価を深く行うことが求められている。そのとき重要になってくるのは日常的に行われている学習

や授業における「問い」である。ここで言いたいのは、「生きる力」や「メタ認知」などの高次の教育目的を達成するためには、その下位の次元に匹敵する教育目標を、その達成のための手段や方法を、さらにその達成状況を把握する教育評価の要素を明確にしなければならないということである。そのとき、目的・目標、方法、評価に関連して、OPPシートのどの「問い」が中心的役割を果たすのかが明確になっていなければならない。

要するに、教育の目的を達成するためには、１単位時間の学習や授業における「問い」から始まってそれがどのような内容を含んでいるのかの確認と、「問い」の回答に対する教師の働きかけなど、教育の目的と評価に至るまでの関連が具体的になっている必要がある。そうでなければ、高次の学力形成はあり得ない。OPPシートの「問い」は、教育の目的から評価に至るまでの関連を一枚の用紙の中で示している。これまでの学習指導要領でも「生きる力」の育成などの高次の目的が掲げられてきたが、毎日行われている学習や授業との関わりが明確になっていなかったので、その実態、獲得方法、評価などをどのようにしたらよいのかがわからなかった。それゆえ、それが達成されたかどうか不明であったことからも明らかであろう。

①OPPシートの「問い」と教育の目的

OPPシートの「問い」と教育の目的・目標、方法、評価はどのように関わっているのであろうか。その関係を図示すると図3のようになる。すでに述べたように、OPPシートの「問い」と教育の目的・目標、方法、評価はどれとも関係しているのだが、強いてその関係が強いものをあげてある。一例をあげれば、教育の方法と関わりが深いのは学習履歴の「問い」であり、それが手段として目的や目標に寄与している、という意味である。

教育の目的（OPPシート：各要素の「問い」）
- メタ認知
- 自ら学び自ら考える力
- 生きる力
- キーコンピテンシー、など

教育の目標（OPPシート：本質的な問い）
- 最も伝えたいこと
- 単元などの本質
- 基本的内容、資質・能力、など

教育の方法（OPPシート：学習履歴の「問い」）
- 授業の最重要点
- 思考力・表現力・判断力
- 学習目標の形成
- 学習による変容の可視化
- 内化・内省・外化
- 最近接発達の領域、など

教育の評価（OPPシート：自己評価の「問い」）
- 学習による変容の可視化
- 認知の知識・理解
- 認知の調整
- 学習の価値づけ、など

図3 教育実践の要素とOOPシートの「問い」の関係

教育の目的に匹敵するのは、様々な言い方があるが、「メタ認知」「生きる力」「自ら学び自ら考える力」などである。本節では、現行学習指導要領の中でも用いられている「メタ認知」という用語を用いる。教育の目的と関係しているOPPシートの「問い」は、「学習前・後の本質的な問い」「学習履歴」「自己評価」である。つまり、シートを構成する一つ一つの「問い」が積み上げられ、相互に関わり合うことによって目的の達成が可能になる。例えば、OPPシートの「学習前・後の本質的な問い」では、たとえ教科の場合でも「『幸せになるための学習履歴表』とはどういうこと（意味）だと思います

か」のような、教科と関わりのないような突拍子もない聞き方をすることがある[6]。それは、絶えず「遠く・広く・深く」という視点、言い換えると教育の目的を強く意識しており、それを学習者に自覚させ、意識化させる働きかけを行うためである。

ここで検討した内容は、後述のメタ認知「プランニング」「モニタリング」「価値づけ」と深く関わっている。

②OPPシートの「問い」と教育の目標

次に、教育の目標と関係しているOPPシートの「問い」であるが、主として「学習前・後の本質的な問い」が深く関わっている。この「問い」と「回答」により、学習前の知識や考えである素朴概念がいかに科学的概念に変容したのかを認識していくことになる。学習による変容を学習者が知ることは、メタ認知の能力を育成する上できわめて重要であると考えられる。

授業の開始時に「本質的な問い」を投げかけることは、これから学ぼうとする内容に関して、学習者自身の既有の知識や考えを明示させることである。この前提となる出発点がわからなければ、たといかに高次の学力が獲得されたとしても、変容の幅や深さはわからない。それが明確でないということは、学びに対する感動も漠然としたものにならざるを得ない。「学習前・後の本質的な問い」に対する「回答」を可視化し変容を自覚する意味はきわめて大きい。

ここでの内容は、後述のメタ認知「コントロール」「価値づけ」と深く関わっている。

③OPPシートの「問い」と教育の方法

さて、目的や目標達成のためには、その手段となる教育方法が適切に機能しなければならない。そこで、OPPシートの「学習履歴」が重要な役割を果たす。OPPA論では、授業は通常通り行うことを求めているので、教師が授業のまとめを行った後に学習履歴を書く。自分の頭で考え、自分の言葉で「授業の一番大切なこと」を表現するために、「何をどうまとめたらよいか」を意識しながら、真剣に授業に取り組むようになる。さらに、こうした積み重ねは学習者自身の学習目標の形成にもつながっていく。通常の授業では、教師の指導目標が学習者の学習目標にならず、指導目標のまま終わることが多い。学習履歴の「問い」は、学習者に学習目標を形成させるための働きかけでもある。

ここでの「問い」は、主として後述のメタ認知「モニタリング」と深く関係している。

④OPPシートの「問い」と教育の評価

最後に、学習の成果を確認する教育評価であるが、これは主に自己評価の「問い」が関係している。学習者の学習や授業による変容は、たとえどれほど些細であっても必ずある。それをどのように可視化して学習者に示すかが、メタ認知能力の育成にとってきわめて重要になる。これは、言わば学習結果の「価値づけ」にあたる。つまり、学ぶ意味や必然性、自己効力感などと深く関わっているので、教育目的の達成に必要不可欠な要素となる。ここでの内容は、次のメタ認知のコントロールとモニタリングとも深く関わっている。

さて、これまで検討してきたように、OPPシートの各要素における「問い」は、教育の目的・目標、方法、評価と深く関わっていると言える。また、メタ認知を構成する要素とも深く関わっているので、次にOPPシートの各要素における「問い」とメタ認知との関わりについて検討する。

■ (2) OPPシートの「問い」と
メタ認知の構成要素の関係

高次の学力であるメタ認知の把握や育成には、OPPシートの「問い」が深く関わっている。それは、学習や授業における「問い」が、学習者のメタ認知能力の現状把握およびその形成・獲得に大きく寄与しているからである。

ここで、もっとも大切なこととして強調しておきたいのは、メタ認知を構成している各要素を一つずつ「問い」として構成し積み上げれば、そのままメタ認知の能力が育成されるのかと言えば、そうではないということである。メタ認知を構成する要素は複雑に絡み合っているのと同様に、OPPシートを構成する「問い」についても同じことが言える。それはさておき、メタ認知の構成要素はどのようになっているのだろうか。

①「認知の知識・理解」と「認知の調整」

メタ認知の構成要素を図示すると、図4のようになる[7]。

この図から明らかなように、「自分の思考についての思考」であるメタ認知は、「認知の知識・理解」と「認知の調整」という二つの要素から構成されている。さらに、「認知の知識・理解」は「宣言的知識」「手続的知識」「条件的知識」から、「認知の調整」は「プランニング」「モニタリング」「価値づけ」から構成されている。

例えば、「認知の知識・理解」には、「水溶液の内容を予習しておくと酸性、アルカリ性の授業がよくわかるようになる」「難しい内容は繰り返し勉強すると理解できるようになる」など、学習活動を適切かつ効果的にするための「知識」が含まれる。

図4の左側の「認知の知識・理解」に関する要素は、普通の授業の中でも取り入れられているのだが、それに対して図4の右側要素は、かなり意識的に学習や授業に組み込まないと欠落することになる。メタ認知の能力が、なかなか育成されにくい一因はここにある。そこで、まず図4の右側の要素は学習や授業の中でどのような形で見られるのか、OPPシートの「問い」

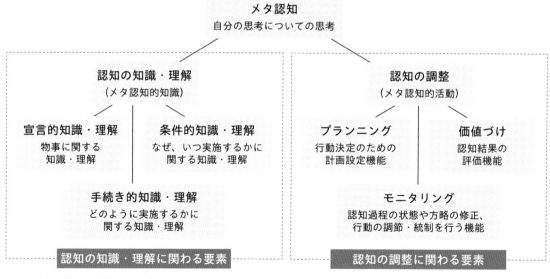

図4 メタ認知に関わる要素

との関わりについて次に検討してみよう。なお、「認知の調整」も、教育の目的・目標、方法、評価において検討した「遠く」「広く」「深く」という視点、つまり学習や授業を修正し改善することとも深く関係している。

②「プランニング」とOPPシートの「問い」の関係

まず「プランニング」であるが、学習や授業における行動決定のための計画設定機能を指す。OPPシートの「本質的な問い」は、当該内容に関してどうしても押さえたいことなので、学習者がたとえ学習前にこの「問い」を意識しなくても、授業の冒頭で問うことによって計画への意識化が図られることになり、学習後の再答によって目的の重要性にも気付かされることにつながっていく。また、学習前の学習者の回答に対する教師のコメント如何では、「次には○○を調べてみたい」というような、さらなる橋渡しも可能になると考えられる。

次に、「学習履歴」における「問い」に関して、「授業の一番大切なこと」をほぼ毎時問われるため、自分で考え判断し、どのようにまとめて表現するかということが求められる。その活動自体、「一番大切なこと」という自分の学習目標に対して回答していることに他ならないので、計画設定という学習活動ときわめて深く関わっていると言えよう。

さらに、「自己評価」における「問い」に関しては、自己評価の「自己」は学習者に他ならないので、学習者自身が計画や目標をもたない限り自己評価は不可能と言える。

③「モニタリング」とOPPシートの「問い」の関係

「モニタリング」は、学習や授業における認知過程の状態や方略の修正、行動の調整・統制を行う機能を指す。この中には、学習や授業において観察し記録すること、感想や意見を述べること、「コントロール」なども含まれると考えられる。

この「モニタリング」は、OPPシートにおける「問い」が適切に機能して初めて効果を上げることができると考えられる。それはどういうことか。

「本質的な問い」は、学習前であれば素朴概念を引き出すことが主な目的であり、適切に機能すれば、学習や授業の目標がはっきりする。学習者に対して、「本質的な問い」の意図を伝えることに意味がある。

「学習履歴」における「問い」については、それがさらに典型的な形で現れることになる。「授業の一番大切なこと」への回答が適切に機能すれば、その時点における学習者の最近接発達領域が可視化され、学習者のどこに何をどう働きかけたらよいのかがわかる。ここでも、「本質的な問い」と同様に、「授業の一番大切なこと」を学習者が理解することが重要なので、学習者の「回答」に対してどのようなコメントを返すのかが、「モニタリング」の能力を身に付けるために重要になってくる。

具体例をあげれば、次のようなコメントが考えられるだろう。

「どこがわからない?」「この考え方でよい?」「何が足りないと思う?」「他の例はない?」「もう少し詳しく言うとどうなる?」「図に書いてみよう」「文章に書いてみよう」「このことから何が言えるかな?」「次に何が続く?」「○○についてはどう?」など。

コメントは直接、適切な回答を与えるのではなく、「先生は何を言おうとしているのかな?」「こういうことなのかな?」「そうか、図に書い

たりする方がわかりやすいのか」というように、学習者の手の届く範囲に助け船を出すことだと言える。言い換えると「足場かけ」である。

このように「モニタリング」は、OPPシートの教師の「問い」と学習者の「回答」の往還を繰り返すことによって、その実態把握と指導が可能になり、さらにその能力が高められることになる。

④「価値づけ」とOPPシートの「問い」の関係

「価値づけ」は、学習や授業における認知結果の評価機能を指す。この「価値づけ」に関しては、OPPシートの自己評価の「問い」がもっとも深く関係している。自己評価の「問い」は、「自分の考えが変わったのか変わらなかったのか、それに対してどのように思っているのか」などを問うているので、まさに学習の結果を「価値づけ」していると言えるだろう。

メタ認知の要素については、いろいろな考え方があり、冒頭の「問い」の問題点で指摘したように、この「価値づけ」を除いているものもある[8]。しかし、メタ認知の構成要素の中で「価値づけ」がとりわけ重要な役割を果たしていると考えられる。なぜならば、OPPシートの「問い」によって、学習者の「回答」を学習による変容として可視化することを通して、学ぶ意味や必然性、自己効力感を感得させることが可能になるからである。これまで行われてきたおびただしい学習や授業の中で、そのどれについても学習による変容が間違いなくあったのだが、それを明示できなかったことは残念としか言いようがない。このような能力を学習や授業で形成、獲得し、それが適切に機能するようにしなければ、いつまで経っても「自ら学び自ら考える」という「学びの独り立ち」は実現しない。

たとえ1時間の学習や授業といえども、「遠く、広く、深く」という視点が深く関わっているため、その重要性を再認識しておきたい。

4. OPPシートの「問い」を介在とした学習者と教師による情報の共有と活用

これまでにもふれてきたが、OPPシートの「問い」を適切に活用するためには、学習者と教師が情報を共有するとともにそれを適切に活用することが重要になってくる。学習や授業の情報の共有と活用はOPPシートの主に「学習履歴」から得ることができる。学習者と教師は、OPPシートを用いると、「学習履歴」を仲立ちにして両者が認知の内化・内省・外化を行うことができる。それを示したのが図5である。

■（1）学習者と教師による情報の共有と活用

図5は、「学習履歴」を介在として、学習者と教師それぞれが認知の内化・内省・外化を行う様子を表している[9]。このとき重要なのはどのようなことであろうか。以下の4点にまとめてみる。

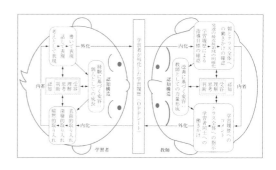

図5 学習者と教師の認知構造における内化・内省・外化

①「学習履歴」という同じ情報をもとに往還すること

一つめは、学習と授業において学習者が表現した学習履歴という同じ情報をもとにして往還が行われることである。両者が同じ情報を基礎としなければ、双方のやりとりにズレが生じるからである。これまでの授業研究の多くは、「学習履歴」のような具体的な事実を共有することなく議論が展開されることが多かった。そのため、たとえ同じ授業を見て意見を交わしていたとしても、論者がそれぞれどのような事実に基づいているのか明確になっていなかった。ただ同じ授業を見たという事実しか頼りにするものがなかったのである。たとえ同じ事実を見たとしても、その見え方は見る人によって異なるという観察の理論負荷性に依存しているのである。

われわれは理論負荷性から逃れることはできないが、少なくとも「学習履歴」という事実をもとにして議論を行えば、それがなくて意見交換を行っていたときよりも誤解を少なくすることはできるだろう。

②「学習履歴」を介在にして学習者と教師が内化・内省・外化を行うこと

二つめは、学習履歴を介在にして学習者と教師双方が内化・内省・外化を行うことである（図5参照）。どちらか一方が行えばよいのではない。これまでは、認知の内化・内省・外化が適切な形で行われず、また「学習履歴」から得られた情報を教師が勝手に（と言っては言い過ぎかもしれないが）解釈していることが多かった。

内化・内省・外化を学習者と教師の両者が行うということは、どちらも自らの目標をもち、自己評価を行っていることになる。なぜならば、たとえ最初は明確でなくても、自分の認知過程

の実態を確認することは、自分が何をどのようにしようとしているのかにつながっているからである。こうした活動が積み重ねられることにより、次第に明確な目標になっていくと考えられる。そして、そのときの目標は、学習者なら学習目標、教師なら指導目標となる。さらに言えば、認知過程の内化・内省・外化は、学習者は学習の、教師は指導の改善を行うことにつながるのである。このような学習や指導は、それぞれの認知の調節を行っていることでもあるので、メタ認知活動が行われていると言える。

③学習と指導と評価の一体化が意識できること

三つめは、学習者と教師双方が認知の内化・内省・外化をただ行えばよいのではなく、それらがそれぞれ学習と評価の一体化、指導と評価の一体化であると意識できるようにすることである。すなわち、学習と評価の一体化は学習の改善であり、指導と評価の一体化は授業の改善に他ならない。

これまで、指導と評価の一体化については繰り返し説かれてきたが、学習と評価の一体化もきわめて重要である。なぜならば、前者は教師の、後者は学習者の視点に立脚しているからである。いくら教師が指導と評価の一体化を行い、授業改善によって学習者に力が付いたとしても、学習の受け手に自覚のないまま行われていたのでは、真の学びの核心を欠いているからである。重要なのは、学習者、教師双方が真の学びと指導を活動の中に取り入れることである。そのためには、前項②で述べた学習目標と指導目標とそれに連なる自己評価の必要性が自ずから明確になってくる。

学習と指導と評価の一体化が意識化できることは、教育実践を通して、学習者と教師が「共

に学ぶ」という視点をもつことであろう。その
ため、この活動を通して何を学んだのかを問う
ことも必要になるだろう。学習者と教師がお互
いに成長する鍵はそこにある。

④認知の内化・内省・外化がスパイラル
に深められること

　四つめは、認知の内化・内省・外化は一回で
終わるものではなく、新しい「学習履歴」が提
出されるたびに行われ、スパイラルに深められ
るようにすることである[10]。冒頭で触れたよう
に、重要なことは繰り返し問い、その実態を確
認しなければ、修正や改善につながっていくこ
とはない。

　OPPシートでは、認知の内化・内省・外化
をとりわけ重視しており、この働きかけが「学
習履歴」を書いた後、すぐに繰り返されること
になる。認知の内化・内省・外化は、メタ認知
能力の育成に深く関わっているので、これが繰
り返し違和感なく行われることが望ましい。メ
タ認知能力の育成過程の一つを示していると言
えるだろう。こうした活動は、自分をよりよく
変えてくれるという自覚と密接に関わっている
ので、そのことに気付きさえすれば、抵抗なく
学習や授業の中で自然に取り入れられていくよ
うになると考えられる。

5. OPPA論は「問い」が命

　本書の実践事例から、多くの先生がOPPシ
ートを活用することにより、まずは学習者の実
態を深く知り、一人一人に応じた指導が可能に
なったことをあげている。それはOPPシート
の記録を読み取ることにより可能になったこと、
さらにそのような活動を通して力量を高めるこ
とができ、自分自身が教師として成長できたこ

とを報告している。

　本書に実践を寄せた執筆者の先生方は言うま
でもなく力量がある。その先生方でさえも見取
れない学習者の実態をOPPシートは明らかに
してくれたと言う。いかに有能な先生といえど
も道具が必要だったのである。その道具となっ
たのがOPPシートであり、その出発点は「問い」
であったことに着目しておきたい。

　教育実践における「問い」は、教師の専門的
力量ときわめて深く関わっており、さらに今後
の研究が求められている。

註
1) 外山滋比古「4　人間・文化と創造的思考」pp.283-296の「問を出
す」の論考は示唆的である。(和田義信編著『教育学研究全集13　考え
ることの教育』第一法規、1977所収)
2) 以下にあげたいずれの文献の中でも、メタ認知の「価値づけ」に関
する要素は含めていない。三宮真智子『メタ認知で〈学ぶ力〉を高める
認知心理学が解き明かす効果的学習法』北大路書房、2018、p.9、一般
社団法人日本理科教育学会編集「『メタ認知』を促す理科授業の工夫」
2023.2、Vol.72,No.847掲載の論文
3) 堀　哲夫『新訂　一枚ポートフォリオ評価OPPA　一枚の用紙の可
能性』2019、東洋館出版社
4) 同上書、p.38
OPPシートの作成と活用については、例えば上掲書2)、または以下の
文献を参照されたい。田中耕治編集代表『シリーズ学びを変える新しい
学習評価　理論・実践編③　評価と授業をつなぐ手法と実践』ぎょうせ
い、2020、pp.88-101
5) 国立教育研究所教育課程研究センター「『指導と評価の一体化』の
ための学習評価に関する参考資料　中学校理科」東洋館出版社、2020、
pp.94-95
なお、OPPシートの中でコンセプトマップを使った実践は次の文献を
参照されたい。堀　哲夫監修・中島雅子編著『一枚ポートフォリオ評価
論OPPAでつくる授業』東洋館出版社、2022、pp.50-57
6) 堀　哲夫監修・中島雅子編著、上掲書4)、pp.108-115
7) M. M. Cooper & S. Sandi-Urena, Design and Variation of an Instru
ment To Assess Metacognitive　　Skillfulness in Chemistry Problem
Solving, J. Chem. Educ. 2009, 86, 240-245 (図は堀が一部加筆修正)
8) 三宮真智子、上掲書2)、p.9
9) 堀　哲夫、上掲書3)、p.166
10) 堀　哲夫・山下春美「第4章　第2節　形成的評価を活用した学習
者の資質・能力の育成」pp.146-161 (堀　哲夫・市川英貴編著『理科
授業力向上講座』東洋館出版社、2010所収)

2 小学校でOPPAを使うと 何ができるのか

OPPA論を活用することで、小学校理科では何かできるのだろうか。本節では、次の2点について論じたい。

1. 学校現場に生きる研究
2. OPPA論に基づく「問い」による資質・能力の育成

1.「学校現場に生きる研究」

教育研究に関連して、田中耕治 (2013) は「『学校現場に生きる』新しいスタイルの研究を想像しなければならない」と指摘する。この「新しいスタイルの研究」とはどういったものだろうか。これについてOPPA論を中心に議論したい。

授業改善などに向けた教員の力量形成において「研究」は必要だと理解していても、「理論と実践の乖離」という言葉があるように、研究が「学校現場に生きる」という実感をもちにくいのが学校現場の実情であろう。例えば、長期研修や内地留学などを活用し、大学で研究活動 (研修) を行ったとしても、それを終えて現場に戻った際、その学びを生かすのは現実的には困難だと考える教員も少なくないと思われる。この原因の一つに、教育研究 (理論) と現場を円滑に結び付ける要素の欠如があると考える。

これについて、これまでの多くの報告により、通常の教育活動においてOPPA論を活用することで教師の資質能力の育成が促されることが明らかになっている。これは、理論 (OPPA論) と実践 (通常の教育活動) の往還によって教師の力量形成がなされると言い換えることができよう。つまり、通常の教育活動において研究が

同時に行われていることになる。これはOPPA論の特徴の一つである。

そこで、本節では「学校現場に生きる研究」に関わる課題を中心に、OPPA論を活用した「学校現場に生きる研究」について議論していく。これに関して、次の三つの問題が存在すると考える。

■ (1) 教師の教育観

第一に、「教育観」があげられる。「現場に生きる研究」を考える上で、適切な教師の教育観が不可欠である。ここでいう教育観とは、「評価とは何か (評価観)」「学力とは何か (学力観)」「学習とは何か (学習観)」といった教育に関わる考え方の総称を指す。この教育観を適切なものに磨き上げることが、「現場に生きる研究」の前提になろう。

例えば、「指導と評価の一体化」というテーマで授業改善に関する校内研修を行う際に、実践家である教師が「評価とは成績を付けること (Assessment of Learning)」といった評価観をもつならば、その実現は難しい。成績を付けることと指導をどう結び付けるのかの視点が不明確になるからだ。ここでは、まずは、教師自身が自己の教育観を「自己評価 (メタ認知)」し、適切なものへと変容させることが必要となる。

同様に「学習観 (学習に関する考え方)」や「授業観 (授業に関する考え方)」についても、問い直す必要があろう。

これについて例えば、大学や大学院などで研修の経験をもつ教師たちからの「(教育に関わ

る）言葉の定義を改めて整理する必要を感じた」という声をよく耳にする。その通りなのであるが、ここではあえてそれだけでは不十分だと述べておきたい。なぜならば、言葉を単に覚えたり理解したりしても、それが「教育現場に生きる研究」の中で活用されなければ意味がないと考えるからである。活用されるためには具体的な事例を想定した教師の「実感を伴った理解」がなければ効果的に働かないと考える。教育観というような、人の考え方を変えるのは至難の業だ。では、具体的にはどうすれば変わるのだろうか。

ここで、評価の機能について改めて押さえておきたい。表1に示すように教育評価は大きく三つの機能をもつ。一般的に評価の意味として広く理解されている「成績付け」は「学習の評価（Assessment of learning）」を指す。「学習のための評価（Assessment for Learning）」と、「学習としての評価（Assessment as Learning）」の両方の機能をもつのがOPPAである。「学習のための評価」は「指導と評価の一体化」を意味し、「学習としての評価」は「学習と評価の一体化」を意味する。この「学習としての評価」は、表1に示すように、「自己の学習のモニタリングおよび自己修正や自己調整（メタ認知）」をその目的とする。つまり、評価による資質・能力の育成である。この「学習としての評価」は言い換えると「自己評価」を指す（中島、2019）。

このことについて、OPPAの機能である「学習と指導と評価の一体化（Assessment as Learning and Teaching）」が、教師の教育観の変容を促し、学習・授業改善がなされることが明らかになっている（中島、2019）。具体的には、OPPシートの可視化された学習者の学びの実相を、教師が把握し授業改善に生かす、つまり「指導と評価の一体化」と、学習者自身が可視化された自らの学びを、学習者が自ら設定した「学習目標」と照らし合わせて「自己評価（メタ認知）」するといった「学習と評価の一体化」の両方が、日常の通常の教育活動の中で可能になることでなされる。これがOPPA論による「学校現場に生きる」研究を可能にする。このような「研究」が学校現場で日常的に行われることが望まれる。

表1 評価の機能（石井、2013より筆者抜粋、加筆した。その際Earl、2003を参照）

アプローチ	目的	準拠点	主な評価者
学習の評価 （Assessment of Learning）	成績認定，進級，進学などのための判定（評定）	他の学習者。教師や学校が設定した目標	教師
学習のための評価 （Assessment for Learning）	教師の教育活動に関する意志決定のための情報収集，それに基づく指導改善	学校や教師が設定した目標	教師
学習としての評価 （Assessment as Learning）	自己の学習のモニタリング，および，自己修正や自己調整（メタ認知）	学習者個々人が設定した目標や，学校・教師が設定した目標	学習者

■ (2)教育研究の目的

第二に、目的論である。つまり、「何のための研究なのか」である。例えば、先ほど述べたように現職の教員が「研究」を行う場として、大学や大学院での研修がある。田中（2013）によれば、大学の教員（研究者）が「現職の先生たちと『研究』を」進める際、学校現場からは「研究のための研究になってしまって」おり、「日常の通常の教育実践には役立たない」という批判の声が聞かれ、「おもに研究者の側からは、『学者の物まねのような研究をしているのではないか』という批判の声が聞こえてきた」と言う。田中は、「この『学者の物まね』という批判は、否定的なニュアンスではなく、旧来のアカデミズムでの『研究スタイル』に無批判に追随しているのではないかという問題提起」であると述べ、この「両者の批判は『教育現場に生きる』教育研究のあり方を鋭くついたもの」と指摘する。あらためて「何のための」そして「誰のための」研究か、の問い直しが必要となろう。

■ (3)現場に生きる教育の方法論

第三に、方法論である。これは、本書の実践編に示された「OPPAを通した教師の変容」に具体的な事例とともに示されている。個々の事例とその概要は、次項において紹介する。また、堀哲夫監修・中島雅子編『一枚ポートフォリオ評価論OPPAでつくる授業』（以下、『OPPAでつくる授業』）の「第3章応用編」に掲載された「9　教育とは何だろうか」では、OPPA論を「校内研修」で活用した事例が紹介されている。同じく「8　教師も自分の成長を実感」では、教師用OPPシートにより、自身の授業研究を行う事例を紹介している。これらも本書とあわせて参考にしていただきたい。

2.OPPA論に基づく「問い」による資質・能力の育成

■ (1)OPPA論に基づく「問い」と「パフォーマンス課題」

次に、「OPPA論に基づく『問い』による資質・能力の育成」についてである。

近年、学校現場において「パフォーマンス課題」という言葉が聞かれるようになった。これは、学習者の資質・能力の育成に効果があるとされている。OPPA論ではこれまで「パフォーマンス課題」を強調してこなかった。それは、「パフォーマンス課題」の機能をOPPシートに設定された「問い」を中心に論じてきたからである。

OPPAの開発者である堀 哲夫（2022）は「パフォーマンス課題」を「パフォーマンス評価に用いられる課題。表現活動や表現物などの実績や成果を確認できるものが求められる」とし、「OPPシートの『問い』は「パフォーマンス課題を重視している」と説明する。その理由として「学習の結果として何が獲得されているかという判断には、現実世界の課題をどう解決するかということまでも見通して、資質・能力を見取ることが必要とされているから」と説明する（堀、2019）。例えば、OPPA論における「本質的な問い」の「パフォーマンス課題」としての機能が、学習者の概念や考え方の形成・変容過程を可視化することにより「学習と指導と評価の一体化」が円滑になされ、学習者の「自己評価」と教師の授業改善、言い換えると両者の資質・能力の向上が促されることが明らかになっている。これについては、具体的な事例をもとに後ほど詳しく述べる。

▌(2) なぜ「パフォーマンス課題」なのか

このように学習者の資質・能力の育成の機能をもつ「パフォーマンス課題」であるが、ここではOPPA論における「問い」、言い換えればOPPA論に基づく「パフォーマンス課題」により育成される資質・能力についてさらに議論を進めたい。

最近注目されている「非認知能力」について、OPPA論による育成の可能性が明らかになってきている（中島、2022）。「非認知能力」は幅広い概念として語られることが多い。小塩（2022）によれば、「非認知」という言葉は21世紀に入ってから、特に2010年代以降によくみられるようになってきたものであり、「非認知能力という言葉自体にも、知能や学力などそれまでに重要だと考えられてきた能力ではないものの中に注目すべき心理特性があるという主張が含まれている」と説明する。

続けて小塩（2022）は、認知能力の中でも学校現場で重要視されてきたのは「知能」と「学力」であり、「学力」については「学校での定期試験や入学試験、全国学力・学習状況調査のような、いわゆる学力テストで測定されるもの」を指すと説明する。したがって「非認知能力」とは、知能テストや学力テストでは測れない能力、つまり「何かの課題に対して懸命に取り組み、限られた時間の中でできるだけ多く、より複雑に、より正確に物事を処理することができる心理的機能を指す」と述べる。

このように考えると、現行の学習指導要領では、学力の要素として「主体的に学習に取り組む態度」「知識・技能を活用して課題を解決するために必要な思考力・判断力・表現力」「基礎的・基本的な知識・技能」が示されているが、これらの中にも「非認知能力」が含まれている。

学習指導要領の骨子が示されて以来、OPPA論に注目が集まっているのは、この「非認知能力」の育成とその評価にOPPA論が効果的であることの証左と言えよう。

OPPA論で育成される資質・能力としては、これまで「メタ認知」があげられてきた。先ほども述べたようにOPPA論では「問い」を重視するのであるが、堀は前節の「OPPA論は『問い』が命」において、これまで「メタ認知の非認知的要素に関わる『問い』はほとんどない」と述べ、これは、従来の「メタ認知」に「『価値づけ』のような要素が含まれないことによる」と主張する。さらに、堀は「メタ認知」の中でも特に「プランニング」「モニタリング」「価値づけ」に注目し論じているが、小塩の定義によれば、これらは「非認知能力」と考えてよいだろう。

▌(3) OPPA論における「問い」による「非認知能力」の育成

ここでは、なぜOPPA論における「問い」が「非認知能力」の育成とその評価に効果的に働くのかを論じたい。具体的には、OPPA論のキーワードである「概念や考え方の形成・変容過程の可視化」と「自己評価」を中心に整理する。

①概念や考え方の形成・変容過程の可視化について

先ほど（1）「OPPA論に基づく『問い』と『パフォーマンス課題』」で述べたように、OPPA論においてはOPPシートに設定された「問い」により「学習者の概念や考え方の形成・変容過程」が可視化されることで「学習と指導と評価の一体化」が円滑になされる。

Visible Learning（邦題『可視化された学習』）の著者であるジョン・ハッティ（John Hattie）は、その序文において次のように述べている。

「学んでいることを教師が生徒の目を通して見ることができ、同じように生徒のほうも教師の目を通して見ることができれば、学習（learning）の達成度は最大になる」。さらに「目の前で起きている学習（learning）を『傾聴』する対話が織りなされる」必要がある（下線は筆者による）。具体的には「教師がやるべきこと」として次の四つをあげている（表2）。

表2 教師がやるべきこと
（ジョン・ハッティ、2013より筆者作成）

a	生徒が現在どの位置にいて、次に何を達成する必要があるかについて、はっきりと理解したうえで適度な挑戦ができるよう、教師がその気にさせること
b	生徒全員が学習することができるという高い期待をすること
c	学びのよい機会として間違いを歓迎すること
d	学んでいることに夢中になって言語化したり、言語化するように働きかけたりすること

さらにこう続ける、「これらの最も重要なテーマは、生徒の教師も共にラーナー（learner：学習者）になることであり、それは学習者に焦点を当てたアジェンダ（agenda：検討課題）でもある」と。

この主張をOPPA論に関連付けて整理したい。まず、上記の下線部分についてである。

図1は、堀（2013）による「思考や認知過程の内化・内省・外化と学習者・教師の認知構造」である。この図は、ハッティが主張する「学んでいることを教師が生徒の目を通して見ることができ、同じように生徒のほうも教師の目を通して見る」ことを示すと言ってよいだろう。この「生徒の目を通して」は、OPPA論の場合OPPシートの記述と考えられる。つまり、ハ

ッティによる「学んでいること」は、OPPシートを介して「思考や認知過程の内化・内省・外化」として学習者と教師の双方に可視化されることになる。

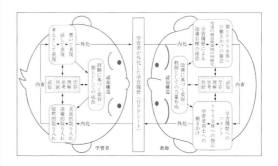

図1 思考や認知過程の内化・内省・外化と学習者・教師の認知構造

なぜこのようなことが可能になるのか。それは、OPPシートに設定された「問い」による。これについて堀（2019）は「学習者主体の回答を求める『問い』であることにより，学習者の資質・能力に応じて回答でき，学習者一人一人の資質・能力を育てることにつなげることが可能になる」と主張する。つまり、この「問い」に対する回答が「学習者主体」であることが重要なのである。

OPPシートには基本的に三つの「問い」が設定される。一つ目は学習前後に同じ問いを設定する「本質的な問い」。二つ目は、学習履歴欄に設定される「この授業で一番重要（大切）だと思ったことを書きましょう」。三つ目は、学習後に設定される「この学習を通して何がどのように変わりましたか、また変わりませんでしたか。考えが変わったとすれば、そのことについてどのように思いますか」である。これらの「問い」はすべて「あなたはどう考えるのか」を問うているので、回答の主語は学習者となる。これが「回答の主体は学習者」になるために

OPPシートに設定された仕掛けである。

　次に、表2に示された4点についてである。「a　生徒が現在どの位置にいて、次に何を達成する必要があるかについて、はっきりと理解したうえで適度な挑戦ができるよう、教師がその気にさせること」と「b　生徒全員が学習することができるという高い期待をすること」は、例えば学習者の記述に対する教師のコメントが、その役割を果たす。OPPシートへの教師のフィードバックは、学習者の記述に対してできるだけ「肯定的」である必要がある。これが、学習者の「自己効力感」や「自己肯定感」の向上を促すことがこれまでの報告で明らかになっている（中島、2019）。学習履歴欄には先ほど示した「問い」のほかに「感想や疑問などなんでもよいので自由に書いてください」と補足される場合が多い。これは学習者による「学習目標」の形成に効果がある（平田、中島、2022）。これらの「問い」によって、学習者自身が「現在（自分が）どの位置にいて、次に何を達成する必要があるか」を理解することで、学習者自身による「学習目標」がOPPシートに表出される。感想・疑問を記入する欄だけでは「学習目標」の形成は難しい。その前に一度「授業で一番重要（大切）だと思ったこと」を考えることが重要となる。なぜならば、この「問い」によって必然的に「振り返り」がなされ、次の学習につながる「学習目標」が形成されるからである。

　さらに、表2のaに示された「生徒が現在どの位置にいて、次に何を達成する必要があるか」については、学習前の「本質的な問い」と学習履歴欄に設定された「この授業で一番重要（大切）だと思ったことを書きましょう」によって可視化される。具体的には、学習前の「本質的な問い」に対する回答により、学習者が学習前にもつ素朴概念や素朴な考え方の可視化が

なされる。また、学習履歴欄に学習者の考える「一番」が記述されることで、個々の学習者が「どの位置にいて何を達成する必要があるか」を学習者と教師の双方が理解するために必要な学習者の「価値づけ」の可視化が可能になる。

　次に、「c　学びのよい機会として間違いを歓迎すること」である。これは、OPPA論のキーワードである「間違いは宝」と同義と考えられる。「間違いは宝」とは、間違いを学習・授業改善に生かす視点（宝）と捉えることを表す言葉である。学習者個々によって間違いの様相は様々であるが、OPPシートでそれらを形成的にモニタリングすることで、学習・授業改善に関する示唆が得られる。通常、授業中の発言や提出物などにおいて、教師は学習者に正答を求める傾向にあるため、これに対し学習者は間違えることに恐怖や不安を覚えてしまう傾向がある。学習者自身が「間違いは宝」であると認識し、間違いであっても怖がらずに自分の「本音」を表出する学習環境が必要となる。ここでは、学習者に対し「間違いは宝」であることを授業中に繰り返し働きかけることが肝要となる。OPPA論では、OPPシートによって学習者一人一人とコミュニケーションをとることができるので、個々にも対応可能である。

　最後に、「d　学んでいることに夢中になって言語化したり、言語化するように働きかけたりすること」である。学習者が「学んでいること」の何に「夢中」になっているのかは、OPPシートの学習履歴欄に設定された「授業を通して一番重要（大切）だと思ったことを書きましょう」によって可視化される。なぜならば、それが「夢中」になっていることを指すと考えられるからである。

②「自己評価」について

OPPA論は「自己評価」を重視した教育論である。OPPA論における「自己評価」は、「学習としての評価（Assessment as Learning）」を意味する（表1）。中島（2019）によれば、これまでの自己評価で多く見られるのは、学習者は自身の学びに対し「理解できましたか？」や「楽しかったですか？」といった「問い」、また、教師は自身の教育活動に対し「使用した教材は有効でしたか？」といった「問い」に対し、それぞれの主観に基づき「A・B・C」を付けるものや「よかった・わるかった」といった情意面が中心だった。これは「評価は成績をつけるためのもの」という評価観によると考えられる。そのため、評価としての客観性や認知面の視点が欠けたものが多く、授業改善に効果的とは言いがたかった。

先述のように、OPPA論における「自己評価」では、資質・能力の育成が促される。

3.「問い」が適切に機能した事例

冒頭で述べたように、ここでは具体的な事例をもとに論じたい。

■(1)パフォーマンス課題としての「本質的な問い」

まず、パフォーマンス課題としての「本質的な問い」による事例を、『OPPAでつくる授業』の「第3章応用編」に掲載されている「5　タマネギはどんな生物だろうか」から抜粋して紹介する。

単元は、中学校第2学年「動物の生活と生物の変遷」である。この実践の特徴は、OPPシートにおける「本質的な問い」のほかに、授業における「発問としての本質的な問い」を設定したところにある。

本実践では、OPPシートの「本質的な問い」として「命とはなんですか？」を設定した。実践者の伊藤教諭によれば、これは、本単元の学習事項のすべてを包括する概念が「命」であると考えたこと、および、中島（2019）に基づき、答えが一つとは限らない「問い」を設定することで、学びを通した回答の変容が大きいと考えたことによる。

「発問としての本質的な問い」として「タマネギはどのような生物だろうか」を設定した。これは、その授業内容に応じた「問い」を設定することで、学習者にその単元における科学的概念の理解を促すことを目的としている。これにより、学習者の既有の素朴概念や素朴な考え方を科学的概念に変容させることを通して「非認知能力」の育成を促されることを期待するものである。これは、図2に示す堀による「OPPAの学力モデル」に基づいている。

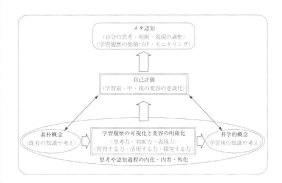

図2 OPPAの学力モデル（堀、2019）

この事例を「小学校1年生の算数」で考えてみたい。例えば、『OPPAでつくる授業』の「第2章基礎・基本編」に掲載された「1　ひき算って何？」では、OPPシートの本質的な問いとして「ひきざんってなあに」を設定した。小学校1年生でのメタ認知の育成が得られた好事例であるが、この問いは「発問としての問い」と

しても活用できる。その場合、OPPシートの「本質的な問い」は「さんすうってなあに」もよいだろう。つまり、OPPシートにはより回答の幅が大きい問い（オープンクエスチョン）を設定するのが重要なのである。

■ (2) 教師の教育観の感得

ここからは、本書に掲載された事例を具体的に見ていきたい。本書ではすべての事例において、「OPPAを通した教師の変容」として、教育観の変容を記載することとした。これは、学習・授業改善と同時に、教師の教育に関する考え方の変容がなされ、これが学習者および教師の資質・能力を促すと考えるからである。

まず、第2章「4 整った文字って何だろう？－めあて達成に向けたOPPシートの活用」の書写の授業事例を紹介する。実践者である稲垣教諭は、当初「どこに、どのように書くとよいのか」を教えれば、整った文字を書くことができる」と考えていた。しかし、「できない！」の声が多く、悩んでいた。本実践では、OPPシートに作品を貼る形で学習履歴を重ねていくことで、教師がめあて達成の足跡をたどりやすくなった。その結果「児童一人一人に寄り添った見取りができるようになり、適切な支援につながった」と述べている。書写のような作品づくりの授業では、このような学習履歴の重ね方が有効となろう。例えば、体育の短距離走の授業で走るフォームを撮影し、学習履歴欄に貼るといった実践例もある。

また、第2章「7 「書けない」児童が教えてくれたこと－OPPシートだから見取ることができた児童の実態」では、文字や文を書くことが苦手な児童が、OPPシートに自分の考えを「絵」で表現した事例を紹介している。実践

者である岩本教諭は「表現の仕方は『文字』だけではないことを実感した」と述べている。本文中に掲載されているOPPシートを見ればわかるように、一見、いたずら書きとも取れるような児童の記述を、教師がどのように見取るかが要になる。

本実践のように子どもの学びの実相が表現されていると考えることで、このような授業改善が可能になった。とかく、授業中に提出するプリントを書く際、児童は正解を求められる場合が多い。先ほどの書写の作品も「きれいに整ったもの」を教師は要求してしまう傾向がある。児童の記述を教師がどのように見取るのかは、教師の教育観によるところが大きい。

これらの事例に見られるように「指導と評価の一体化」が適切になされるためには、適切な教師の教育観が必須となろう。これを磨き上げることが教師の力量形成を促すと言ってよい。これらはまさに先ほどのジョン・ハッティ（John Hattie）による「学んでいることを教師が生徒の目を通して見ることができ、同じように生徒のほうも教師の目を通して見ることができれば、学習（learning）の達成度は最大になる」ことや「目の前で起きている学習（learning）を『傾聴』する対話が織りなされる」ことを示す事例と言えよう。

■ (3) 低学年における 「非認知能力」育成の意味

次に、小学校低学年における「非認知能力」の育成に関連した事例である。本書では、小学校1年の事例を四つ取り上げた。「1年生にはOPPシートは使えない」との声をよく耳にするが、果たしてそうなのだろうか。

ここで、「非認知能力」にいち早く注目したノーベル経済学賞受賞者であるジェームズ・ヘ

ックマン（James J.Heckman）の主張を紹介したい。ヘックマンは、幼少期に「非認知能力」を育むことの重要性を唱える。小塩（2021）によれば「非認知能力」は、「幼少期の非認知能力がその後の非認知能力を生み出し、雪だるま式に発達することが指摘」されている。そう考えると「非認知能力」の育成に効果があるとされるOPPシートを「低学年には使えない」と教師が判断してしまうことは、児童の成長の機会を奪うことにならないだろうか。この4事例に見られるように、OPPシートは1年生でも十分にその効果を発揮する。

まず、第2章「3　1年生が実感する成長の喜び－OPPシートで見取る音読の工夫」では、入学して約2か月目の段階で国語の授業にOPPシートを導入した実践を紹介している。実践者である坪田教諭は、前任校において1年生を対象にOPPシートを活用した経験があり、確信をもって導入した。その結果「習いたての平仮名を使い、まだまだ幼い言葉で表された記述には、音読を上達させるヒントが数多く残されていた」と述べている。

図3は児童Eの自己評価欄への記述である。児童の「『おもいで』という言葉に教師として喜びを感じたが、『つくってきた』という表現に、それ以上の感激を覚えた」とし、これらは「主語は児童E本人」で、「学習を自分自身で積み重ね、その過程を『おもいで』として表現する児童Eの記述からは満足感が溢れていた」と述べている。まさに児童が国語の学びを「自分ごと」として捉えた「主体的な学び」の好事例と言えよう。主体的な学びは「非認知能力」の育成に欠かせない。このような教師の教育観が児童の成長の可能性を広げると考えられる。

次に、同じく1年生の事例として第2章「1 児童の言葉の意味を読み取る工夫－素直な喜びが教師の活力に」を紹介する。これは生活科の実践である。本文を見ていただければわかるように、本来OPPシートの学習履歴欄には罫線は用いない。先ほどのような絵を描く児童も多いからである。しかし、実践者である酒井教諭は1年生であることを考慮して罫線を用いた。このような教師による手立てが、児童の書く力の育成をより促す。

■ (4)教科外でのOPPシートの活用

次に、教科以外でOPPシートを導入した事例を二つ紹介する。まず、小学校4年生を対象とした「学級経営」の事例として第2章「11 学級目標と向き合う児童の姿－OPPシートは学級経営の強い味方」を紹介する。実践者であ

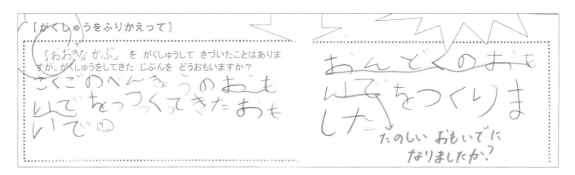

図3　1年国語の事例における児童Eの自己評価

る長谷川教諭は、教員になってまだ日が浅い新米教師である。児童と共に学級をつくりあげたいとの思いから、OPPシートを活用した。その結果、6週間で児童が学級目標と向き合い、成長していく姿を感じ取ることができた。児童が一年を通して「学級目標」をどのように意識して学校生活を送っているのかについて、形成的に評価（把握）することは難しい。4月当初に教室に掲示するものの形骸化しがちであった「学級目標」を軸にOPPシートを活用した長谷川教諭は、「学級目標の大切さ、児童の成長どちらも感得できるOPPシートは今後の学級経営には欠かせない」と述べる。

　もう一つは、教育実習生の指導にOPPシートを活用した事例として、第2章「12　OPPシートで教育実習生の指導 − 経験が浅くても伝えられる教師の魅力」を紹介する。実践者である宮澤教諭は、教育実習生の指導を担当することになった際、「まだまだ教えてもらうことが多い立場の私に教育実習生の指導ができるのだろうか」と悩んでいた。OPPシートを導入することで、教育実習生である大学生は「教育観や教員の魅力についてまで深く考えることができ」、指導教員である自分自身も「4年目で指導ができるのかという不安を乗り越え、自信につなげることができた」。それと同時に「初心に帰って授業を一から見直すことで、教員の魅力も改めて認識し、やりがいを感じる1か月となった」と語っている。OPPA論の活用により、学習者の資質・能力の育成がなされると同時に、教師の力量形成に有効であることがこれまでの研究で明らかになっている。本実践は、教育実習生という「学習者」と、指導教員の双方に効果が得られた好事例である。

　OPPA論研究会では、「まずはOPPシートを使ってみてください」と説明している。「使って初めてその効果がわかる」との声が多いからである。「その後、理論を学ぶことでその考えが強固になる」という言葉はまさに実感であろう。OPPA論は「実践に裏付けされた理論」であり、活用した実践は「理論に裏付けされた実践」であるところにOPPA論の特徴がある。

　以上、小学校理科でOPPAを使うと何ができるのかについて、「学校現場に生きる研究」と、その具体としてのOPPA論に基づく「問い」による資質・能力の育成という視点から述べてきた。冒頭でも述べたように、難しいとされる「理論と実践の往還」と、これによる教育研究は、教師が実践者であると同時に研究者として、その成果を発信することで、多くの教師が共有し、実践を可能にすると考えられる。これは、1（2）で述べたような「旧来のアカデミズムでの『研究スタイル』」ではない、「『学校現場に生きる』新しいスタイルの研究」と言えるのではなかろうか。

参考文献

Earl, L. M. (2003). Assessment as Learning: Using Classroom Assessment to Maximize Student Learning, Corwin Press, 26.
平田朝子、中島雅子（2022）「OPPA論に基づいた「学習目標」の形成に注目した資質・能力の育成に関する研究」『教育目標・評価学会紀要』第32号、pp.43-52
堀 哲夫（2019）『新訂　一枚ポートフォリオ評価　OPPA　一枚の用紙の可能性』東洋館出版社
堀 哲夫監修・中島雅子編著（2022）『一枚ポートフォリオ評価論OPPAでつくる授業』東洋館出版社
石井英真（2013）「これからの社会に求められる学力とその評価　−『真正の学力』の追求」『初等教育資料』東洋館出版社
ジョン・ハッティ、グレゴリー・イエーツ著・原田信之他訳（2021）『教育効果を可視化する学習科学』北大路書房
溝上慎一（2020）『社会に生きる個性―自己と他者・拡張的パーソナリティ・エージェンシー』東信堂
中島雅子（2019）『自己評価による授業改善　−OPPAを活用して』東洋館出版社
小塩真司（2021）『非認知能力　概念・測定と教育の可能性』北大路出版
田中耕治（2013）『教育評価と教育実践の課題―「評価の時代を拓く」』三学出版

3 いま注目の非認知能力とは
─OPPA論の可能性─

1. はじめに

　私たちが生きる現代は、高度情報化社会へのスピードが増す中、社会や個人の価値観の多様化が拡がり、常識を覆す想定外の事象が発生するなど、いわゆるVUCA（VUCA：Volatility、Uncertainty、Complexity、Ambiguityの四つの単語の頭文字をとった言葉）の時代と呼ばれている。そのような社会や経済の変化を受け、2017年3月に告示された学習指導要領では、学校活動で育成すべき資質・能力の柱の一つに、「学びに向かう力、人間性等」を据えたことにより、従来の数値で測りやすい知識やその活用である「認知能力」以外の幅広い能力概念を表す「非認知能力」への注目が高まっている。一方、学校現場においては、これまでの学習成果として成績処理を中心とした総括的評価への依存から、先に触れた観点に対する形成的評価へのバランスも求められるようになりつつある。

　しかしながら、多忙な教員の中には、学習者の学習活動から、どのように非認知能力を見取ればよいのか、不安に感じる場面も少なくない。また、コロナ禍で急速に普及した教育現場における授業のデジタル化の観点では、GIGAスクール構想が前倒しで進められるのとあわせて、Edtechサービスの普及が進み、教員や学習者を取り巻く学習環境に大きな変化が起きている。その変化の先にある学びの個別最適化の流れに、学校現場の対応が求められている状況にあると言える。

(1) 共同研究へと進む

　こうした中、みずほリサーチ＆テクノロジーズの新居、指田、初治、関山らの研究チーム（当時）は、埼玉大学教育学部の中島雅子准教授らと共に、OPPシートを活用した非認知能力の推定・分析に関する研究（以降、「本研究」という）に取り組んだ（2022年度）。OPPシートは、堀 哲夫山梨大学名誉教授が開発し、学校現場で長く実践されている診断的評価から形成的評価、さらに総括的評価までをカバーしたツールである。そのOPPシート上には、どのような非認知能力が表れるのかを明らかにすることを研究目的とした。加えて、学習活動におけるデジタル化をキーワードに、OPPシートのデジタル活用の可能性を探り、学校現場、あるいはそれにとどまらない場面に有効な新たな学習サービスの創出のきっかけとなることを目指したものである。なお、本書では主たる目的である「非認知能力」について触れることとする。

(2) 本研究の意義

　非認知能力の可視化では、主に心理学の観点からパーソナリティ特性の分類方法として「ビッグ5性格特性」といった質問紙による診断が用いられることがある。しかしながら、質問紙による診断を頻繁に実施することが難しい点や回答者のバイアスがかかりやすいなど、必ずしも日常的な学習者の実態を表すとは限らない点に留意が必要である。その点から、授業で日常的に使われるOPPシートに記載された学習者

の記述そのものから非認知能力を読み取るという試みは、本研究の意義の一つとなる。

また本研究では、非認知能力の可視化やデジタル化の可能性を考察するにあたり、日常的にOPPシートを授業の中で実践している授業実施者やOPPシートを専門的に研究する者の視点に、民間シンクタンクに所属する社会人の視点を加えることで、OPPシートが学校現場での活用にとどまらない専門的、汎用的な価値をもつ可能性を探ることもねらいとしている。

とりわけ、デジタルイノベーションにより業界のディスラプション（創造的破壊）が起きつつある総合金融グループの企業とのコラボレーションにより、将来的に社会で活躍することになる学習者に期待される資質・能力の観点から、OPPシートの価値を捉え直すことができる点も本研究の意義である。

2. 読み進めるにあたっての基礎情報

■（1）本研究で使用したOPPシート

今回、本研究で用いたOPPシートは、図1のとおりである。なお、OPPA論やOPPシートに関する概要及び詳細は他章を参照されたい。

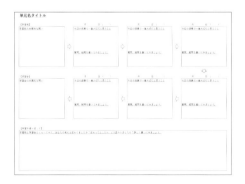

図1 OPPシート

■（2）OPPシートの活用事例

本研究ではOPPシートのもつ可能性を把握すべく、実際の授業で導入している複数の現役教師にインタビューを行った。インタビューでは、OPPシートを導入するに至った背景、学習者の記述から何を読み取っているのか、OPPシートの導入効果に加え、OPPシートをデジタルで活用した場合の期待と懸念について伺った。以下に、2名のインタビュー結果を紹介する。

事例1）公立小学校教師A
【OPPシートとの出会い】

インタビューでは、日々の授業が教師から生徒への一方向な展開であること、かつドリルを使った「量産型」授業に迷っていた中で、OPPシートと出会った経緯について語られた。

OPPシートは、教師が児童一人一人の進捗や理解度を確認し、個別に対応できるツールであり、教師はこれによって自身の授業スタイルを変えることができた。現在は、一つの教科だけでなく、複数の教科で利用している。OPPシートを使うことで、児童らの理解度や進捗を把握しやすくなり、それらに応じた指導ができるようになったとも述べている。

【児童の記述の何に着目しているか】

まず、教師の意図が児童にどの程度伝わったのか、児童がどのように理解したのかという点に着目している。また、学習内容にとどまらず、児童がどのように前向きに取り組んでいるか、学ぶことの楽しさや型にはまらない振り返りについても着目している。

加えて、学校で学ぶ意義、教師から教わることのみならず、自身とは異なるクラスメイトの

考えや関わり、共感についても注意深く観察している、と述べている。

【導入効果】

OPPシートを使うことで、教師は児童に伝えたい意図が本当に伝わったかどうかを把握することができたため、授業が楽しくなり、教師のやりがいにもつながっている。また、本質的な問いについて考える際には、目的を見据えて軸を定めるため、たとえ授業の進め方に振れ幅があっても軌道修正ができる、と述べている。

さらに、OPPシートを使うことで、児童の理解の実態に合わせた授業を展開することができるという。児童の記述を見ることは、アルバムを開くようにワクワクする経験であり、教師が普段の児童の様子を手に取るように掴むことができるため、通知表の所見を効率よく書くことができる。

また、OPPシートは学習指導案の代用としても活用しており、業務効率化にも寄与している。副次的な効果として、OPPシートを活用して保護者向けの学級通信を作成することも可能である、とも語っている。

【OPPシートのデジタル活用への期待や懸念】

キーボードを用いたタイピングのメリットとして、予測変換の活用など、手書きに自信のない児童にとってはデジタル化の効果があると期待を寄せている。またデジタル化によって、シートの大きさにとらわれることなく自由に設定したり、シートを配る、回収する、探すなども効率的に行えるのではないか、と述べている。

一方で、児童の記述から教師が見取る内容については、言語化されておらず無意識に行っていることから、現時点ではデジタル化するのは難しいかもしれない、という懸念も語られた。

事例2）国立中学校教師B

【OPPシートとの出会い】

OPPシートに出会う前までは、様々な生徒の反応を想像し学習指導案を作成していたが、実際に授業をしてみると想定外の反応や出来事が頻発し、授業は変容するもので予測不可能という前提に気付いた。このような状況の中、中島先生と出会い、OPPシートを知った。OPPシートを使うことで、実際の授業で起こっている事実を可視化、観察し、次の授業に生かすという好循環のサイクルが出来上がった、と述べている。

【生徒の記述から何に着目しているか】

まず、学ぶことの本質を生徒自身がどのように理解しているか、そしてそれがどのように変化しているかに注目している。

また、生徒自身が自己の振り返りに対して、どのように認識しているかという点にも着目している。生徒らは自身の学び方や成長についての振り返りを行い、これまで当たり前と捉えて意識してこなかったことに気付いたり、諦めずに取り組むことの大切さを学んだりする様子が記述される。

さらに、他人の考えとの違いや関わり、共感に触れた記述にも注目している。生徒らはクラスメイトや教師との交流や議論を通じて、異なる視点や考え方に触れ、自身が変容する様子をときに記述してみせるようである。

【導入効果】

OPPシートは生徒の可能性を見いだす有効なツールであり、教師自身も生徒の学びの変容から多くの気付きを得ることができる。また、OPPシートから生徒の学習状況が把握でき、

教師の授業改善にも役立つ。OPPシートを活用することで生徒は自然体で学ぶことができ、教師との信頼関係が築かれる。その他、OPPシートは所見の代わりになり、生活記録の参考や保護者への情報提供にも活用できる、と述べている。

【OPPシートのデジタル活用への期待や懸念】

考えられるメリットとして、シートそのものの検索が容易になる、またシート内の情報検索や分析、項目追加も容易になる。加えて、紛失防止、毎回の授業前後の配付や回収の手間も削減できる。

一方デメリットとして、生徒が日々使っている端末の画面の大きさや解像度の低さが影響し、普段使うA3用紙と比べて一覧性が低下するという点があげられた。

■ (3) 非認知能力

先に触れたように、学習指導要領の改訂に伴い、非認知能力への関心が高まっている。この非認知能力の概念は幅広く、かつ一言では定義が難しいという点が特徴である。最初に非認知能力が注目を浴びるようになった背景に、教育経済学の研究者であるジェームズ・ヘックマン（James J.Heckman）が、2000年にノーベル経済学賞を受賞したことをきっかけに、その代表的な研究「ペリー就学前プロジェクト」（1962〜1967年）が周知されたことがあげられる。本研究では、経済的余裕がなく幼児教育を受けることができない貧困世帯の3〜4歳の子どもを対象に行われ、その後40年間、就学前教育プログラムを受けた子どもと受けなかった子どもの人生に変化が起きるのか追跡調査を行ったところ、就学前教育プログラムを受けた子ども

は、受けなかった子どもに比べて将来の所得の向上や生活保護受給率の低下等の効果が見られるという結果が示された。このように能力概念としての非認知能力に関し、教育心理学者である小塩真司教授の著書によれば、心理学などで実証された論文のメタ分析を通じて、15種類の心理特性から、①教育可能であり、②その教育は望ましい成果（学力や健康・幸福・社会的

表1 非認知能力の例

非認知能力の類型化例	概要
誠実性	課題にしっかりと取り組むパーソナリティ
やり抜く力（グリット）	困難な目標への情熱と粘り強さ
自己制御・自己コントロール	目標の達成に向けて自分を律する力
好奇心	新たな知識や経験を探求する原動力
批判的思考	情報を適切に読み書き活用する思考力
楽観性	将来をポジティブにみて柔軟に対処する能力
時間的展望	過去・現在・未来を関連付けて捉えるスキル
情動知能	情動を賢く活用する力
感情調整	感情にうまく対処する能力
共感性	他者の気持ちを共有し、理解する心理特性
自尊感情（自己肯定感）	自分自身を価値ある存在だと思う心
セルフ・コンパッション	自分自身を受けいれて優しい気持ちを向ける力
マインドフルネス	今ここに注意を向けて受け入れる力
レジリエンス	逆境をしなやかに生き延びる力
エゴ・レジリエンス	日常生活のストレスに柔軟に対応する力

活動）につながるものを総称概念として非認知能力をあげている。その15種類の心理特性は表1のように類型化できると述べている。

また、経済協力開発機構（OECD）では、非認知能力に近しい概念として、「社会情動的スキル」を定義し、図2のとおり、目標を達成しようとするスキル、他者と協働するスキル、情動を制御するスキルを具体的な資質・能力と位置付けている。

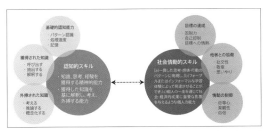

Fostering Social and Emotional Skills Through Families, Schools and Communities
© 2015 OECD

図2 OECD社会情動的スキル

これら以外にも、様々な組織から定義付けられ、例えば、文部科学省の「生きる力」や「基礎的汎用的能力」、内閣府の「人間力」、OECDの「キーコンピテンシー（OECD DeSeCo）」といった資質・能力として整理される場合も見られる。

OPPシートの特徴として、学習者がOPPシートを記入していく過程で、学習者が自らの思考についての思考であるメタ認知を働かせやすい構成をもっている点があげられる。実際、「（2）OPPシートの活用事例」において、授業実施者がOPPシートの学習者の記述から何に着目しているかについて触れたように、学習者のメタ認知の育成に関連していることが伺える。

このメタ認知能力も、非認知能力の一つとも言われており、学校教育のみならず、社会人に

なってからも必要な能力と言える。先行き不透明で、将来予測が困難（VUCA）な時代においては、あらかじめ存在する正解を導き出す能力ではなく、自ら課題を発見し、その解決方法を考え抜く力がますます重要になってくる（経団連 Society 5.0時代を切り拓く人材の育成）。

これらより、学習者が記述したOPPシート上には、どのような非認知能力が表れているのかを、以降で読み取っていきたい。

3. OPPシートにおける非認知能力の表れ方に関する検証

（1）検証目的と対象

実際の授業で使用されたOPPシートには、学習者の非認知能力がどのように表れているかを検証するため、国立中学校1年生（当時）およびその保護者の同意を得て、分析を行った。対象とする教科は「理科」、単元は「音」とした。

なお、OPPシートの読み取りは、授業実施者でも学習者本人でもない、第三者の立場となるみずほリサーチ＆テクノロジーズの研究担当が行った。

（2）読み取り結果

今回の検証で、対象のOPPシートから読み取れた非認知能力は、以下のとおりであった。

①好奇心

目にとまりやすく、最もよく観察された非認知能力でもある。「今後自分でも調べてみたい」といった言語化され観察されるものもあれば、図やイラストで興味や関心を表しているものな

ど、その様子は多岐にわたっていた。

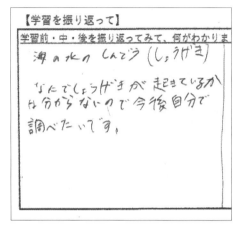

図3 好奇心の記述事例

②批判的思考

　特に単元の後半や、学習後の振り返りなどの総括の場面でよく観察された。例えば、「今までの実験を通して、〜だと考えた」という事実思考の記載や、予測していない実験結果が得られた際の記述として、「その結果と、持っているデータから考えをだすこと」が大切だと記載した例などである。

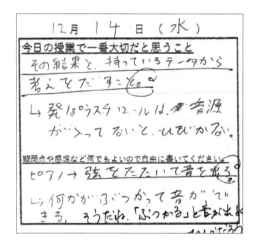

図4 批判的思考の記述事例

③共感性

　学習履歴の「一番大切だと思うこと」への記載として、「他者と共有することで、学習を深められた」という記載など、他者とのつながりの中で自身が得られたこととして、記載される事例が確認された。

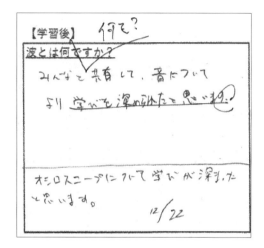

図5 共感性の記述事例

④自尊感情

　学習後の総括・振り返りの際、「自身の成長を感じられた」「体験することで、わたしの場合は理解するのだと思う」などといった自分という存在を認識し、自身の価値を認めることができたと思われる記述が見られた。

図6 自尊感情の記述事例

⑤やり抜く力（グリット）

　これも学習後の総括・振り返りで確認できる。「はじめは苦手だったが、実験を進めるうちに楽しめるようになった」など、学習前後での自

身の変容を言語化したものや、言語化はできないが自身の変容の様子をイラストで表現したものなど様々であった。

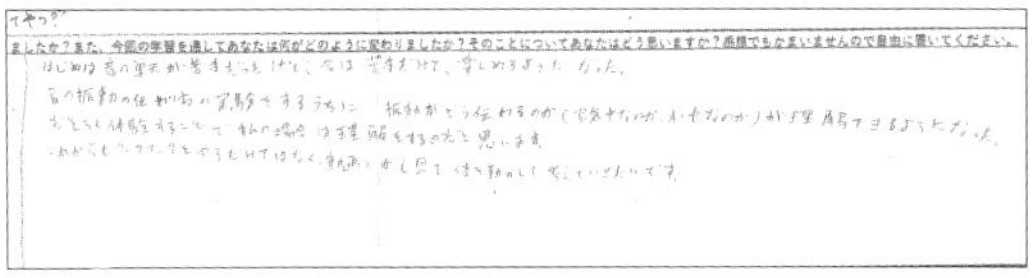

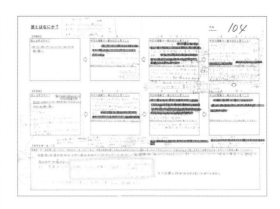

図7 やり抜く力の記述事例

⑥その他の非認知能力

　誠実性と時間的展望は、OPPシート自体がもつ特性上、自然と表れる非認知能力であると考えられる。OPPシートに対して記載・提出・考えを露わにする活動そのものが、課題にしっかりと取り組む行為であり、誠実性を満たしている。また、各授業の学習履歴を1枚にまとめるOPPシートの構造自体が過去・現在・未来を関連付けるつくりになっており、自然と時間的展望が表れやすい仕組みとなっている。

　その他の非認知能力については、今回は読み取ることができなかったが、これはOPPシートへの記載前に学習者が内的に調整を終えており、記載内容として外化されにくいことも考えられ、さらなる検証が必要である。

⑦メタ認知能力

　メタ認知能力には数多くの定義が存在し、一義的に定めることは難しい。本研究では、堀哲夫名誉教授が述べている「認知の知識・理解」と「認知の調整」という二つの要素から構成されるという考え方に基づき、読み取りを行った。

　結果、「認知の知識・理解」は「学習履歴」欄に、「認知の調整」は「学習後の本質的な問い」や「総括・振り返り」欄に表れる傾向にあった（図8）。

　このことから、授業で得られた知識とそれを

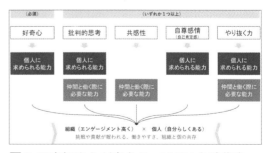

図8 メタ認知能力の読み取り結果事例
　　（ピンク：認知の知識・理解、
　　グレー：認知の調整）

どう理解したかを示す「認知の知識・理解」は個別の学習履歴として記述されやすいことがあげられる。また「認知の調整」には、単元を通じた学習理解の変容や、学習内容全体の自己評価が含まれている。つまり、OPPシートを構成する各欄にメタ認知能力が表れることが確認できた。

■（3）考察とまとめ

　前述の非認知能力は、「VUCAな時代に求められる資質・能力」とも考えられる。研究担当らが考える「VUCAな時代を乗り越えることができる人物像」を図9にまとめる。

図9 研究担当らが考える、VUCAな時代を
　　乗り越えることができる人物像

好奇心をはじめとした非認知能力を可視化する手段は限定的ではあるが、学習者がOPPシートに記述することによって非認知能力が外化されるため、第三者による読み取りに対して有用な手段であると考える。本研究では1単元という限られた事例にて分析を行ったが、同一学習者のOPPシートを複数枚分析することで、それぞれの学習者の特長をより深く把握できると考えている。

OPPシートの構成自体が学習者の非認知能力を外化させる仕組みになっていると言え、教育分野の専門家でなくても非認知能力と思われる記述の読み取りが可能であった。また、学習者がOPPシートを完成させることによってメタ認知能力で言う「認知の調整」が外化されており、これにより学習者は学習内容全体を通しての新たな気付きや、新しい課題発見、その解決策を考えるきっかけになっていると思われる。これはVUCAな時代に求められる能力そのものであり、OPPシートの活用により、その能力を育成できるのではないだろうか。

4. おわりに

本研究では、学校現場で長く実践されているOPPシートを用いて、その記述に非認知能力がどのように表れるかの検証を行った。民間企業に勤める研究担当の観点から検証したところ、不確実性の高いVUCA時代を生き抜く力として必要だと考える、好奇心、批判的思考、共感性、自尊感情、やり抜く力（グリット）の非認知能力を学習者の記述から読み取ることができた。また、メタ認知という点では、学習者がOPPシートを完成させる過程で「認知の知識・理解」「認知の調整」が外化される仕組みになっており、教育を専門としていない者でも学習者の記述からメタ認知を確認することができた。

本研究を通じて、OPPA論が学校現場での活用にとどまらない専門的、汎用的な価値をもつ可能性も見えてきた。今後のさらなる研究成果の活用が期待される。

参考文献
小塩真司編（2021）『非認知能力』北大路書房
ベネッセ教育総合研究所『家庭、学校、地域社会における社会情動スキルの育成』
https://berd.benesse.jp/feature/focus/11-OECD/pdf/FSaES_20150827.pdf（参照 2023-03-31）
一般社団法人日本経済団体連合会『Society 5.0時代を切り拓く人材の育成』https://www.keidanren.or.jp/policy/2020/021.html（参照 2023-03-31）
Earl,L.M.(2003). Assessment as Learning: Using Classroom Assessment to Maximize Student Learning, Corwin Press, 26.
堀 哲夫（2019）『新訂　一枚ポートフォリオ評価 一枚の用紙の可能性』東洋館出版社
中島雅子（2019）『自己評価による授業改善 －OPPAを活用して』東洋館出版社
堀 哲夫監・中島雅子編（2022）『一枚ポートフォリオ評価論OPPAでつくる授業』東洋館出版社

第2章

実践編

1 児童の言葉の意味を読み取る工夫

素直な喜びが教師の活力に

OPPシートに記された言葉の意味をしっかりと読み解き、個々の児童の学びを知る。
このことが、教師にとっても手応えとなり、授業に向かう活力となるのである。

OPPAを通した教師の変容

Before

学習プランは頭の中にしっかりとあるが、授業中に個々の児童の考えや困り感、すべてのグループ活動の様子を把握できないのが悩みだった。児童の学習意欲は続いているのか。どのように学び、何を感じているのだろうか。

After

OPPシートのつたない言葉と授業の様子とを照らし合わせ、児童の考えを読み解くと個々の学びの姿が見えてきた。多忙な現場だからこそ、OPPシートの素直な喜びにふれるひとときは、教師にとっても幸せな時間となっている。

OPPシートの構成

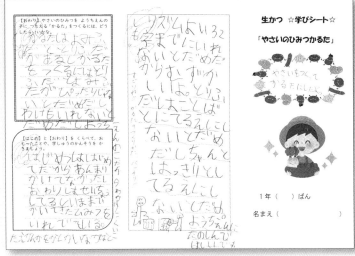

表

本質的な問い
（学習前）

学習履歴

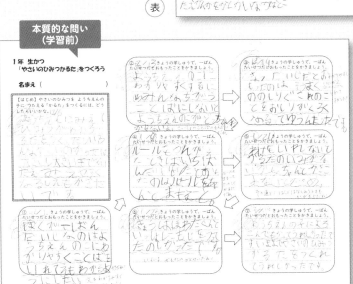

裏

本質的な問い
（学習後）

裏にして右側を谷折りにすると
学習前と学習後を一緒に
確認することができる仕様になっている

自己評価

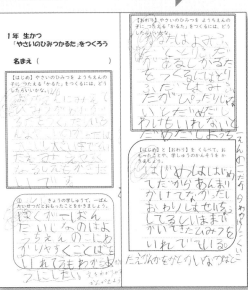

「やさいのひみつかるた」をつくろう

指導目標

● 自然に関わる活動を通して、季節の特徴や違いを見つけ、遊びに使うものを工夫して作ったり、遊びの準備や片付けの大切さに気付いたりして、みんなと楽しみながら遊びや生活を楽しく創り出すことができるようにする。

● 季節に育つ野菜の種類を知り、健康のために旬の野菜を食べることの大切さに気付く（食育の視点）ようにする。

学習の流れ　※はOPPシートから教師が気付いたこと

時数	学習内容
1	● OPPシートの「本質的な問い」に回答する。 ➡ **1**「本質的な問い」の主語は児童 　「やさいのひみつを ようちえんの子につたえる「かるた」をつくるには、どうしたらいいかな」 ● かるたの仕組みを確認し、よい読み札について考え、「グレードアップカード」を作る。
2	● 自分が見つけた野菜のひみつを一人一つ選び、ひみつの理由を入れて整理する。
3	● クロームブック（スプレッドシート）で、頭文字が友達とかぶらないように確認し、読み札の文を各自考える。 ➡ **2** 一番書きたいことを自由に書けるOPPシート ※自由に書けるからこそ「主体的に取り組む態度」も見取ることができ、クラス全体にその意欲を広げることができた。
4	●「グレードアップカード」を見ながら友達のアドバイスも取り入れて修正する。 ➡ **3**「協力的な学び」の姿を見取ることが教師の活力に ※机間指導では見えなかった協働的な学びの姿が見え教師主導から児童を信じて任せることにシフトできた。 ● クロームブック（スプレッドシート）に文を入力する。
図工	● 自分のかるたの取り札（絵）を作る。
5	● 作ったかるたで遊んでみて、遊び方のルールを話し合う。
6	● 栄養士から聞いて新たに知った野菜のひみつを使って、友達と協力して、グループでかるたの読み札作りをする。
7	● 各班で取り札作りをする。
8	● 幼稚園の園児を招待して、かるたで遊ぶ。
4	●「OPPシートの「本質的な問い」に回答する。➡ **1** ※個々それぞれの学びの質をとらえることができた。 ● 自己評価欄を記入し、タイトルを付ける。 ➡ **4** 児童自らが学習を価値付けるタイトル

1 「本質的な問い」の主語は児童

1年間、野菜の栽培に取り組んだ学習のまとめとして、野菜のかるた作りを行い、幼稚園の園児を招待して遊んでもらうことになった。

学習を進める上で、教師が作り方を教えるのではなく、児童に自分たちが考えて作っていくのだという意識をもたせたかったので、「本質的な問い」の文言は、児童が主語になるようにと考えた。

また、ただ、かるたを作って遊んでもらうのではなく、学んだことを伝えるかるたにしたいと考え、「本質的な問い」を、「やさいのひみつを ようちえんの子につたえる『かるた』をつくるには、どうしたらいいかな」とした。

図1は、単元前後の「本質的な問い」に対する児童A〜Cの記述である。児童Aは、単元前に、幼稚園を対象としたかるたの作り方を自分なり

児童A 字と絵を大きく見えやすく 書きたいとイメージできている	児童B かるたの遊び方を 述べている	児童C かるたの遊び方を 述べている

学習前

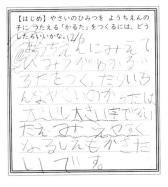  

学習後

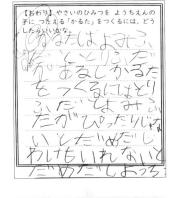

…ようち（えんのこだから
わかりにくいことばがないかを
かんがえた）
※（　）は欄外の記述

…文とえをきれいにしたら、
よみやすいし、見やすいように
してようちえんの子どもたちに
あそんでもらいたいです。

…ようちえんの人によろこんで
もらえるようにがんばること。

図1 児童A、児童B、児童Cの学習前・後の「本質的な問い」に対する回答

にイメージできていた。一方、児童Bと児童Cは、かるたの遊び方を説明しようとし、作り方には、ほぼふれていなかった。

このことから、1年生の児童の多くは、かるた遊びの経験はあっても、どのような手順でかるたを作っていけばよいのかをイメージできていないことが把握できた。

学習後は、3人とも個々に学んだ具体的な作り方を述べることができていた。さらに、図1の学習後の記述より抜粋した文（吹き出し）から、幼稚園の園児にわかりやすく伝えたい、喜んでもらいたいという強い相手意識が芽生えていることがわかる。かるた作りを通して、遊ぶ相手が「やさいのひみつ」を学んだり、楽しんだりしてくれることを願う気持ちが育っていたのだ。これは、かるた作りのノウハウを学ぶこと以上にうれしい成果だと思った。

児童A〜Cのように、単元前後の記述から、それぞれの児童の考えの変容と獲得した学びの質を捉えることができた。

2 一番書きたいことを自由に書けるOPPシート
つたない言葉の意味を読み取り、生かす工夫

過去の経験からわかったことだが、1年生の「授業で1番大切なこと」の記述は、感想になりやすい。まだ授業の内容をまとめる力が十分ではないからだ。また、児童は、教師への忖度なく自由に書くので、「1番大切なこと」が、「本質的な問い」に対する答えから外れていたり、何を言いたいのか一読では読み取れなかったりすることもある。OPPシートを生かすためには、児童のつたない言葉の意味を読み取ろうとする教師の工夫と努力が必要であると感じた。

児童B

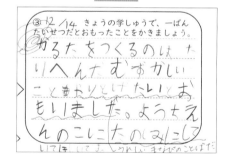

児童E

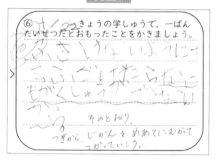

児童D

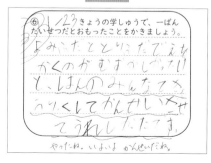

図2 児童B、児童D、児童Eの学習履歴

そこで、次のような工夫を行った。

(1)OPPシートは、その日のうちに 授業中の様子と照らし合わせて読む

　授業の記憶が新しいうちにOPPシートを読むよう心がけている。すると、児童が何をどう考えたのか、よりわかりやすい。例えば、図2の児童Bは、「かるたをつくるのは、たいへんだ。むずかしいこともやりとげたいとおもいました。ようちえんのこに、たのしみにしていてほしいです」と記述していた。授業での様子から、難しいというのは、グループ学習で話し合いが進まなかったことであり、やりとげたいというのは、読み札の文作りだとわかった。「やりとげたい」という言葉からは、よいかるたを作りたいという思いや幼稚園の子に遊んでもらうという願いの実現に向かう粘り強さが感じられて、うれしく思った。

(2)短い言葉で児童の考えに共感する コメントを書く

　長いコメントは書く教師にも読む児童にも負担である。短いコメントなら、すぐに読んでくれるし、何度も読み返してくれる。

　例えば、図2の児童Dは、学習履歴⑥に「よみふだと、とりふだでえをかくのがむずかしかったけど、はんのみんなできょうりょくしてかんせいさせてうれしかったです」と書いており、グループで学び合いができた様子がわかる。私は、共感と賛辞の気持ちを込めて「やったね」

とコメントした。

　一方、図2の児童Eは、同じ授業の学習履歴⑥に「ふざけないようにする。ふざけたら、なにもがくしゅうができないから」と書いていた。授業中ふざけ合って遊んでしまい、時間内に取り札が完成しなかったグループのメンバーだった。記述から授業中の行為を反省している様子が読み取れた。そこで、私も「そのとおり」と共感し、「つぎから、じかんをめあてにむかってつかっていこう」とコメントした。すると、次の時間には、「もくひょうをまもれてたっせいできてうれしかったし、(園児がかるたを)たのしいっていってくれてうれしかった」と、めあてに向かって意欲的に学べたことを実感する記述が見られた。

　コメントでは、学びへの共感や賛辞が新たな学習意欲を生むのだと確信した。

(3)児童の学びの言葉を次時に生かす

　児童の素晴らしい学びの言葉をクラスに広げない手はない。これもまた授業の記憶が少しでも多く残っているうちがよい。児童も前時の自分の学習の姿を思い出しやすいからだ。翌日の朝の時間に、それが無理なら次時の始めに伝えるようにした。

　児童Bの「大変でもやりとげたい」という思いも、次時にクラス全体に伝えた。すると、多くの児童の共感を得てクラス全体の学習意欲がさらに高まった。教師の言葉より児童の言葉の方が児童を動かすと感じる瞬間である。

---

3 「協働的な学び」の姿を見取ることが教師の活力に

　単元の始め、児童は楽しいかるたを作ろうと意欲的に学習をスタートさせた。よりよい読み札に仕上げるために話し合ったところ、グレードアップの条件が次のように決まった。

- 「やさいのひみつ」と「わけ」を入れる。
- わかりやすい言葉にする。
- 32文字以内で(これは便宜上、教師が決めた)。

頭文字が重ならないように上記の条件を満たす読み札を作るのは難易度が高い。そこで、毎時間OPPシートの言葉を前述したように丁寧に見取り、個々の考えを把握するよう努めたら、児童の学びの質や協働的な学びの様子も見えてきた。

　図3の児童Fは、グレードアップの条件どおり、「ひりょう」を「えいようのみず」と言い換えて幼稚園児にわかりやすくできたことに満足していた。

　グループ活動では、児童Gの「よみふだができたけど、おもしろくなかったから、なおそうとしたけどおもいつかなかったけど〇〇くんがたすけてくれた」や、児童Hの「グループの人とよくかんがえて△△くんのかんがえがかいけ

つできてうれしかったです」から、友達と学び合った成果を感じている様子が見えた。

　児童Eは、「ともだちときょうりょくしたほうがすごいのができる」と書き、協働的な学びの価値を捉えていた。

　児童は、友達と協力して課題に向かい乗り越え、それぞれ自分の学びを感じ取っていた。もしOPPシートがなければ、教師には授業全体の印象しか見えず、個々の児童にとって、どんな学びとなったのか十分に把握することはできなかったであろう。協働的な学びの場の設定や、児童を信じて任せることの大切さにも気付かされた。何より、このような児童の意欲的な言葉から授業の手応えを感じ、私自身が次時への活力を得ることができた。

児童F

児童H

児童G

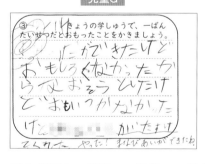

児童E

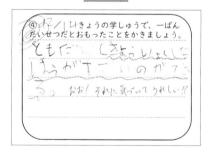

図3　児童F、児童G、児童H、児童Eの学習履歴

4 児童自らが学習を価値付けるタイトル

　かるたが完成し（図5）、幼稚園の園児に遊　んでもらった後の自己評価欄では、図4の記述

のように、友達と一緒にがんばることができた喜びを感じている児童が多く、私も協働的な学びの成果を感じ、うれしい気持ちになった。

児童は、最後に単元全体を振り返ってOPPシートの表紙にタイトルを付けた。タイトルは、児童自らが学習への価値付けをした言葉である。

「やさいをつくってかるたにしたよ」「ひみつかるたサイコー」など、本単元に照らしたタイトルが多い中、図6の二人は、一年間を通して学んできた野菜栽培とのつながりを意識したタイトルになっていた。それらのタイトルを見たとき、私は幸せな気持ちになった。

はじめは、よみふだととりふだをかくときどうやってつくれるかかいてなくておわりはどうやってつくれるかかけていてせいちょうしているとおもいました。

（欄外）
みんなでやさいのひみつかるたがつくれてうれしかったです。

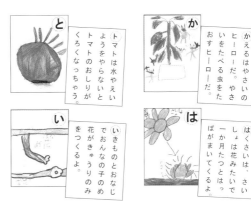

図5 児童が見つけた野菜のひみつを使って完成したかるた（一例）

はじめは、なにもかけなかったけど、おわりは、いっぱいじをかけてうれしかったです。はんでかんがえたかるたをつくれてうれしかったです。

やさいはせいちょうするしからだが元気になる

みんなのアイデアでひみつかるたがかんせいしたよ。さいしょは、むずかしくてかんがえれなかったけど、みんなのかんがえてるところがうれしかった。

ぼくのやさいの1年間

図6 児童が単元の最後に付けたタイトル（一例）

図4 自己評価（一例）

1 児童の言葉の意味を読み取る工夫　45

2 命は、なぜ大切なのか

あなたならどう答える?

命の大切さを子どもたちが実感できるようにするため、理科の授業でできることは何だろうか。科学的概念の習得が、児童の学びに向かう力を伸ばしていくことをOPPシートから読み取った。

OPPAを通した教師の変容

Before

「人の誕生」の授業では、赤ちゃんがお母さんのおなかの中で育って生まれる仕組みを学ぶ。児童に母子手帳を持ってこさせる、教師の出産経験を話す、助産師の方をゲストティーチャーに招くといった授業を聞いたことがあった。しかし、それが理科の授業として適切なのか、疑問を感じていた。

After

OPPシートの記述から、児童の理解の様子を見取るとともに、書き込まれた疑問に答えたり、自分で調べることを促したりした。すべての授業が終わった後、児童のOPPシートの全貌を見て驚いた。なぜなら、科学的概念を習得しながら、命の大切さについて、教師の想定以上に様々な側面から自分なりに考えていたからだ。

OPPシートの構成

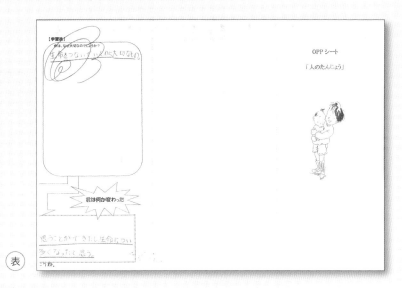

本質的な問い（学習前）

学習履歴

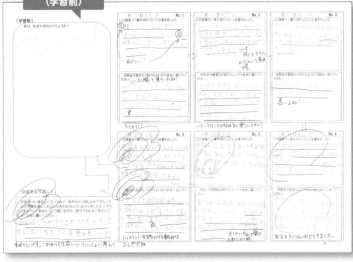

（裏）

本質的な問い（学習後）

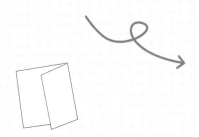

裏にして右側を谷折りにすると
学習前と学習後を一緒に
確認することができる仕様になっている

自己評価

「人の誕生」

指導目標

● 人の発生や成長について、胎児の様子に着目しながら、時間の経過と関係付けて調べる活動を通して、人は、母体内で成長して生まれることを理解するとともに、観察、実験などに関する技能を身に付けるようにする。

● 人の発生や成長について追究する中で、人の発生や成長の様子と経過についての予想や仮説をもとに、解決の方法を発想し、表現できるようにする。

● 人の誕生について追究する中で、生命を尊重する態度や主体的に問題解決しようとする態度を養う。

学習の流れ　※はOPPシートから教師が気付いたこと

時数	学習内容
1	● 既習事項を確認して、自分の「学習目標」をもつ。 ➡ **1**「命は、なぜ大切なのでしょうか？」 ※「お母さんががんばって産んでくれたから」といった心情的な記述が多い。 ➡ **2**（赤ちゃんは）ご飯を食べるのか？」（児童A） ※教師の「指導目標」を児童の「学習目標」へ変換
2	● 胎児が子宮の中で育つ様子について学ぶ。
3	● 胎児が栄養をとる仕組みについて学ぶ。 ➡ **3**「たい児は子宮にいて、へその緒は、子宮（胎盤）とつながっている」（児童B） ※学習内容の正確な理解 ➡ **4**「生まれるときは、子宮はやぶれるのか」（児童C） ※児童がもった疑問
4	● 胎児の呼吸や排泄について学ぶ。
5	● 胎児が生まれる仕組みについて学ぶ。
6	● 生命のつながりについて単元を総括する。 ➡ **5**「全ての生き物のお母さんがとても苦労して産んでくれた命だから」（児童D） ※命の対象の広がりや、学習を通した成長 ➡ **6**「自分も周りの人も死にたいと思わない、思わせないようにしたい」（児童E） ※人間性の涵養 ➡ **7**「私は、将来、助産師になりたい」（児童F） ※自分の将来と関連付けた学び

1 「本質的な問い」の設定と活用

　「本質的な問い」を設定するために、指導目標の中の「生命を尊重する態度」を育てることに最も注目した。その理由は3つあった。

　第一に、日本の自殺死亡率は先進国（G7）の中で最も高く、日本の10〜39歳の死因の第1位は自殺である。第二に、近年では子どものいじめ自殺や動物の命を軽く扱う事件が社会問題として取り上げられることが多い。第三に、一教師としての実感ではあるが、食べ物すなわち他の生物の命を粗末にする大人や子どもの姿があると感じている。

　このような理由から、「本質的な問い」として、「命は、なぜ大切なのでしょうか？」という教科横断的な問いを設定した。

　これは上述の理由とあわせて、本単元の学習が理科の一単元の学習という小さな枠に収まることなく、以前に理科で学習した植物の成長や動物（メダカ）の成長など、他の生命に関する学習と関連させるためである。

　また、関連する教科として保健体育のみならず、学校教育全体を通して教科横断的に行うものとされている道徳や性教育とも学習を関連させることによって、生命のつながりを通して命の大切さを考えることに効果的だと考えたためである。

　実際の授業では、単元のめあてとして、最初の授業のはじめに「本質的な問い」を提示し（図1）、毎回の授業では、黒板に常時掲示するという工夫を行った（図2）。

　この他にも、授業を始める前に、児童はOPPシートの「本質的な問い」に回答し、教師はOPPシートを回収して児童の回答を一人一人見取って集約した。

　例えば、「命は、なぜ大切なのでしょうか？」という「本質的な問い」に対して、学習前は図3のような心情的な記述が多く見られた。命の大切さについてこのような気持ちをもつことはとても大切である。しかし、この学習を通して科学的な知識を学ぶことで、命の大切さについてさらに理解を深めてほしいと考えた。

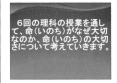

パワーポイントで提示

図1「本質的な問い」の提示

「本質的な問い」は黒板に掲示して常に意識できるようにする

図2「本質的な問い」の常時掲示

図3 児童の代表的な記述

そこで、妊娠中の苦労話や誕生の喜びといった心情的事実の共感に基づく授業ではなく、胎児が母親のお腹の中で育って生まれてくるという科学的事実の正確な理解に基づく授業を構成した。

そして、授業を始めるときに、児童の回答を集約した結果を紹介し、学級全員で学習する意欲を高めた（図4）。

図4 学習前の「本質的な問い」への回答を集約して紹介

2 教師の「指導目標」を児童の「学習目標」へ変換
「（赤ちゃんは）ご飯を食べるのか？」（児童A）

授業を進める上で、教師が「指導目標」をもつだけでなく、児童が「学習目標」をもち、学ぶ必然性を高めることが重要である。

そのため、児童は第1時の授業で既習事項を確認した後、一番知りたいことや調べてみたいことを一人一つ考えて短冊に書いた。教師はそれらを回収し、教師の「指導目標」ごとにまとめて模造紙に掲示し、可視化した。こうすることで、教師の「指導目標」を、児童の「学習目標」に変換し、学ぶ必然性を高めた（図5）。

教師の指導計画	時	指導計画
	1	既習事項を確認して自分の「学習目標」をもつ。
	2	胎児が子宮の中で育つ様子について学ぶ。
	3	胎児が栄養をとる仕組みについて学ぶ。
	4	胎児の呼吸や排泄について学ぶ。
	5	胎児が生まれる仕組みについて学ぶ。
	6	生命のつながりについて単元を総括する。

子供たちの学習計画

図5 教師の「指導目標」を児童の「学習目標」へ変換

3 科学的概念の習得
「たい児は子宮にいて、へその緒は、子宮（胎盤）とつながっている」（児童B）

図6は、第2時の授業後に児童Bが学習履歴欄に記述した内容である。

教師は、「胎児が栄養をとる仕組みについて学ぶ」ことを指導目標として授業を行った。児童Bは、「この授業で一番大切だったことを書きましょう」という投げかけに対して、「たい児は子宮にいて、へその緒は、子宮（胎盤）とつながっている」と記述し、その様子をイラストで描いた。児童Bについて、教師が意図した学習内容を十分に理解している様子がうかがえた。

このように、授業後に全児童のOPPシートの記述を確認し、科学的な知識や概念が習得で

きているか、常に把握するようにした。教師は、OPPシートの記述にコメントを加え、児童の

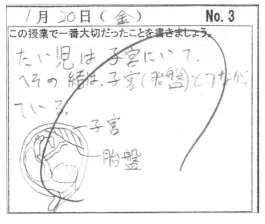

図6 児童BのOPPシート

理解を促した（図7）。

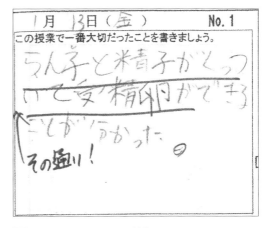

図7 OPPシートへの教師のコメント

4 児童から次々と生まれる疑問
「たいばんとは何なのか」（児童C）

　教師は、OPPシートへの記述を確認することで、児童の学習の成果を確認するとともに、OPPシートに書き込まれた疑問に個別に答えたり、児童が自分で調べることを促したりした。
　例えば、「ぎ問点や感想など何でもよいので自由に書いてください」という投げかけに対して、児童Cは「たいばんとは何なのか」という疑問（学習目標）を書いた（図8）。これは、次の授業で扱う内容であったため、教師は「何だと思いますか？」とコメントを返すことにより、来週の授業に向けて、学習意欲の高まりを促した。その結果、次の授業後には、「養分」と追記しており、児童が学習に主体的に取り組んだ様子がうかがえた。
　この時、はじめに「この授業で一番大切だったことを書きましょう」という投げかけに答えることによって、自分にとって「一番」大切だったことを考え、学習内容を凝縮させようとする思考が働く。その思考に続いて「疑問点や感想などを書きましょう」という投げかけに応え

ることによって、学習者は必然的に問題を見いだそうとするため、様々な疑問が生み出された。

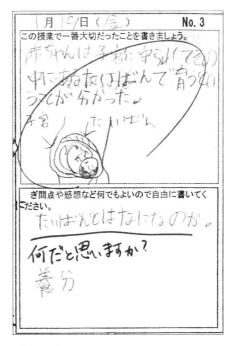

図8 児童CのOPPシート

この他にも、「胎児と母親はへその緒でつながっているのにどうして血液は混ざらないのか?」という疑問がOPPシートに多く記述されたときには、次時の冒頭でへその緒の構造を簡単に説明した。このように、児童の思考をもとにして、授業の軌道修正を行った。

また、図9のように、児童がもった疑問(学習目標)が今後の授業で扱わない内容の場合、OPPシート上で児童の疑問に回答したり、自分で調べることを促したりした。

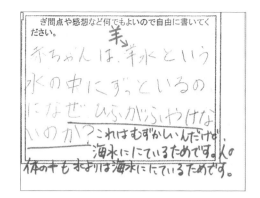

図9 OPPシートへの教師のコメント

5 命の対象の広がり
「全ての生き物のお母さんがとても苦労して産んでくれた命だから」(児童D)

図10の児童は「命は、なぜ大切だと思いますか」という「本質的な問い」に対して、学習前には「命は、その人に一つしかなくてその一つの命がなくなってしまったら死んでしまうから」と答えていた。

しかし、学習後には「全ての生き物にたった一つの命だからそして全ての生き物のお母さんがとても苦労して産んでくれたとても大切な命だから」と答えており、命の対象が人間から生物全体に広がり、出産に伴う母親の苦労から命の大切さを考えるようになったことがうかがえた。

そして、自分自身の学習過程を振り返ることで、命の大切さやその他のことについてもより一層広く深く考えるようになったようであり、学習を通した成長の様子がうかがえた。

図10 児童DのOPPシート

6 人間性の涵養
「自分もまわりの人も死にたいと思わない、思わせないようにしたい」(児童E)

児童Eは、本質的な問いに対して、学習前には「お母さんががんばって産んでくれたから」、「自分が生まれたことでいろいろな人がよろこんでくれたから」といった、母への感謝や周囲

の喜びなどを書いた。「学習履歴欄」では、科学的な知識の習得や学ぶことによる手応え（自己効力感）の感得が見られたが、学習後には学習前と同じような内容で、記述量が半分程度に減ってしまった。

しかし、振り返りでは「自分もまわりの人も死にたいと思わない、思わせないようにしたい」という「人間性の涵養」が見られた。このように、命の大切さについて考えた児童Eの思考はOPPシートにまとまって表出された（図11）。

図11 児童EのOPPシート

７ 自分の将来と関連付けた学び
「私は、将来、助産師になりたい」（児童F）

OPPシートには単元全体を通した児童の学習履歴が残る。児童Fは6回目の授業後、OPPシートの自由記述欄に将来助産師になりたいという気持ちを書いていた（図12）。自分の将来の夢と関連させながらこれまでの学習に取り組んでいたことを、OPPシートの記述から把握することができた。

また、学習履歴欄で助産師への夢を書いた児童FのOPPシートを見て、保護者は自分のへその緒と児童Fのへその緒を一緒に眺め、命の大切さについて親子で考えたことを記述した。保護者の記述は、授業の中心である「命の大切さ」に貫かれたものであり、OPPシートを介して、児童の思考と教師のフィードバックのみならず、授業の意図までも保護者に伝えることができたと言える。

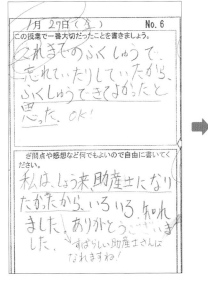

図12 児童FのOPPシート

3 1年生が実感する成長の喜び

OPPシートで見取る音読の工夫

入学して約2か月の1年生、初めてのOPPシートに興味津々！習いたての平仮名を使い、まだまだ幼い言葉で表された記述には、音読を上達させるヒントが数多く残されていた。

OPPAを通した教師の変容

Before

入学して間もない1年生に、「学ぶ意味・必然性」を感得させることができるのか、不安を感じていた。児童は「1年生は勉強を頑張るもの」と認識している様子で、意欲的で一生懸命ではあるものの、学習に対してどこか受動的であった。そこで、OPPシートを活用し、学びを児童自らの手で変容させていくことができないかと考えた。

After

「1年生にはOPPシートは難しい」という意見もあったが、実際に使用してみると、児童は自分の学びを捉え直し、音読の質を高めることができていた。「お家でもこんな風に読んでみたよ！」「頑張ったから、上手に読めるようになってきた！」などと、自らの学びを調整するとともに、変容していく自分に喜びを感じている姿が見られた。

OPPシートの構成

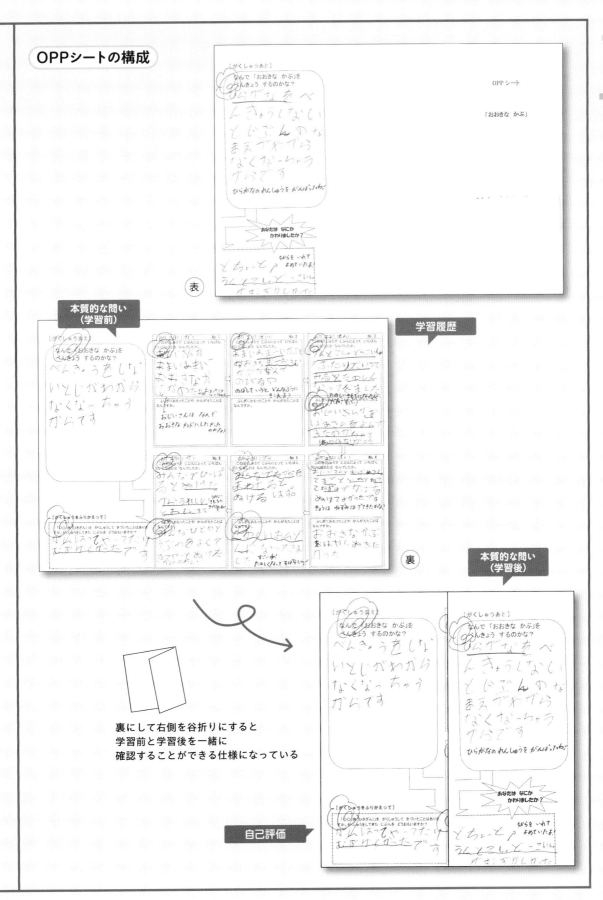

本質的な問い（学習前）

学習履歴

本質的な問い（学習後）

自己評価

裏にして右側を谷折りにすると
学習前と学習後を一緒に
確認することができる仕様になっている

『おおきなかぶ』

指導目標

● 語のまとまりや言葉の響きなどに気を付けて音読することができるようにする。

● 場面の様子や登場人物の行動など、内容の大体を捉えることができるようにする。

学習の流れ

第2〜7時では、平仮名の書取り練習を含む。
※はOPPシートから教師が気付いたこと

時数	学習内容
1	● OPPシートの「本質的な問い」に回答する。 ➡ **1**「なんで『おおきなかぶ』をべんきょうするのかな？」 ※それぞれの児童にとっての本単元を学ぶ意味 ● 教師の範読を聞いて、内容の大体を捉える。
2	● 場面1〜3からおじいさんの願いを想像する。
3	● 場面1〜3のおじいさんの願いを想像して音読する。 ➡ **2**「おいしいかぶになってほしいから のばす」（児童D） ※音読の工夫を楽しんでいる姿
4	● 場面4の状況を想像して音読する。 ➡ **3**「ふたりぶんの ぱわー」（児童A） ※児童の疑問の重要性
5	● 場面5・6の状況を想像して音読する。
6	● 場面7・8の状況を想像して音読する。 ➡ **4**「なかなかかぶはぬけません」のところはざんねんそうによむ」（児童C） ※自分の言葉で何とか表現しようとする姿
7	● 場面9の状況を想像して音読する。 ● グループで音読を発表し合い、友達の読み方で上手だったところを伝え合う。
6	● 場面の状況にあった動作入れて、文章全体を音読する。 ● OPPシートの「本質的な問い」に回答する。 ➡ **1** ● 自己評価欄を記入する。 ➡ **5**「こくごのべんきょうの おもいでをつくってきた」（児童E） ※自分自身の学びを積み重ねてきた児童の思い

1 「本質的な問い」の設定
「なんで『おおきなかぶ』をべんきょうするのかな？」

何事にも一生懸命な1年生であるが、学習に対する受動的な姿勢だけが気がかりであった。受動的な姿勢といっても、学習意欲は高い。ただ、「1年生は勉強を頑張らないといけない」「先生のお話をしっかり聞かないといけない」などといった意識が強く、決められたルールの中で、学習を進めていかなければならないと感じているようであった。そこで、「本質的な問い」を「なんで『おおきなかぶ』をべんきょうするのかな？」と設定し、「学ぶ意味」を自分で見いだせるようにしたいと考えた。

学習後の「本質的な問い」への回答を見ると、児童Aは平仮名の書き取り、児童Bは音読といったように、それぞれが自分にとっての本単元を学ぶ意味を記述している。児童Cは、学習前の段階で他者との協力について記述している。1年生のこの時期にここまで思考していることに驚いた。

児童は学ぶ意味を自分で見いだし、単元を通して自分の学びを調整していた。本実践が、学びは与えられるものではないと気付くきっかけになったのではないかと考える。

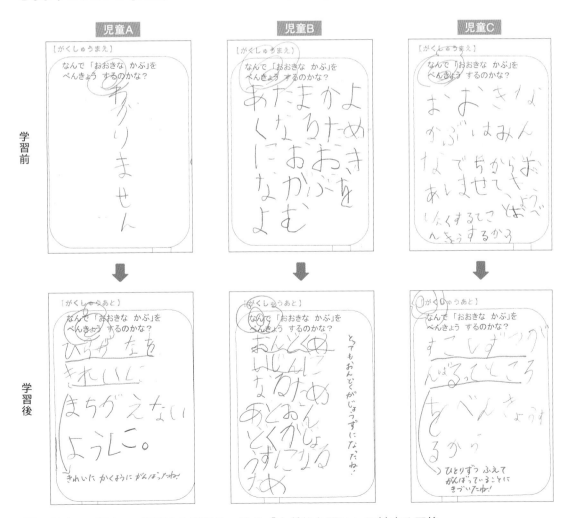

図1 児童A、児童B、児童Cの学習前・後の「本質的な問い」に対する回答

❷ 思考を整理し、学びを自己調整する姿

「おいしいかぶになってほしいからのばす」(児童D)

『おおきなかぶ』は繰り返しのあるリズミカルな話である。児童は、家庭学習でも音読の練習を行っているため、読み間違いが減り、少しずつスムーズに読むことができるようになっていた。第3時までの時点で、大体間違えずに読めるようにはなっているものの、登場人物の台詞の繰り返し部分を、単純な繰り返しとして読んでいるように見受けられた。そこで、第3時は音読を上達させるポイントに気付かせようと考えた。

図2は、児童Dの第3時の学習履歴である。児童Dは第3時を振り返って、「おいしいかぶになってほしいから のばす」と記述している。児童Dは音読を上達させるための二つのポイントに気付いていると考えられる。

一つ目は「登場人物の心情」を捉えることである。第3時は、人物「おじいさん」がかぶの種を蒔く場面である。児童Dは美味しいかぶになってほしいというおじいさんの心情に目を向けることができていた。

二つ目は、登場人物の心情を踏まえた「音読の工夫」である。児童Dは「のばす」と記述している。私は、児童Dに「のばすってどういう

ことなの?」と尋ねると、おじいさんの台詞「あまい あまい かぶに なれ。おおきな おおきな かぶに なれ。」の部分を「あまい あま〜い かぶに なれ。おおきな お〜きな かぶに なれ。」のように、繰り返しの2回目を伸ばして読むとよいと答えた。伸ばして読むことで、おじいさんの気持ちを表すことができると発言していた。

第3時では、音読を上達させる工夫を見つけ、実際に表現した。児童は、自分なりの音読の工夫を見つけ、音読に反映させていた。児童Dは、その後も「のばす」ことを意識して音読していた。図3は児童Eの第3時の学習履歴である。この記述と授業内での様子から、自ら学びを工夫し、楽しいものと変容させていったことがわかった。

この単元の後、各家庭との個別面談を行った。その際、家庭学習での音読を楽しそうに取り組む姿や、日々上達していく姿が見られたと保護者からの報告を受けた。児童は、学校での学びを家庭学習にも反映させ、より上達できるように取り組んでいたようである。

児童はOPPシートを用いて思考を整理し、自らの学びを調整するきっかけをつかみ始めていた。

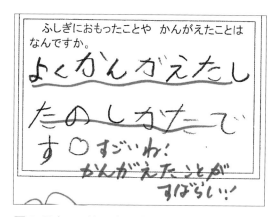

図2 児童Dの第3時の学習履歴　　図3 児童Dの第3時の学習履歴

❸ 教師の見落とし
「ふたりぶんの ぱわー」(児童A)

第3時を経て、児童の音読は上達していった。ただ読むのではなく、場面と登場人物の心情を踏まえて、それぞれが工夫をしていた。

第4時は、おじいさんがおばあさんを呼んできて、かぶを引っ張る場面4を扱った。教師の範読を聞いた後、児童は新たにおばあさんが登場したことに気が付いた。その点も踏まえ、音読をさらに上達させることはできないか考えるように促した。すると、児童は「うんとこしょ、どっこいしょ」という台詞に目を付けた。その台詞を、自分が考えた工夫を用いて読ませてみると、大きな声で読み始めた。

図4は児童Aの第4時の学習履歴である。児童Aは場面の変化に気付き、おじいさんとおばあさんの「ふたりぶんの ぱわー」で音読するという工夫を見つけていた。児童Aの他にも、場面の変化に気付き、「うんとこしょ、どっこいしょ」をおじいさんとおばあさんの2人分の声の大きさで音読していた児童がいた。

私は児童Aのように人数の変化に気付き、音読の声の大きさを調節する児童の姿を目にし、授業に手応えを感じるとともに、音読の質を高めていく児童に感心し、満足していた。

図5は児童Fの第4時の学習履歴である。ここには、「おじいさんがおばあさんをよんできたのがちょっとわからなかった」という疑問が記述されている。第4時の授業後、図4のような記述から手応えを感じていたため、私は児童Fの疑問について深く考えることはしなかった。

私は、第4時以降もOPPシートを用いて、かぶを引っ張る人数の変化と登場する順番に気付くことができているかという点を意識して見取るようにしていた。その間にも、おばあさん以降に登場するまご、いぬ、ねこ、ねずみがなぜ呼ばれてきたのかを疑問に思う児童がいた。しかし、私は「1年生らしい疑問だな」と思う程度で取り上げることはしなかった。

単元の最後の授業で、ある児童が「引っ張る人がどんどん小さくなっている」と発言した。そのとき私ははっとし、それまで取り上げてこなかった児童の疑問の重要性に気が付いた。図1の児童Cの学習前の記述のように、あらゆる人物と協力していくことの大切さにも目を向けるといった、物語を読み味わう授業展開を行う必要性があったのではないかと考えた。

教師の指導目標だけでなく、児童の素朴な疑問から授業を発展させていく重要性を児童に気付かされる単元となった。

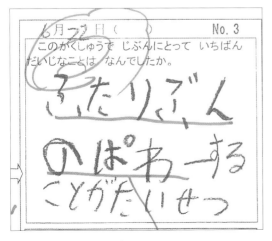

図4 児童Aの第4時の学習履歴

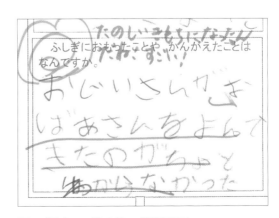

図5 児童Fの第4時の学習履歴

④ 児童が自ら気付くための余白
「なかなかかぶはぬけません」のところはざんねんそうによむ」(児童C)

児童は、自らの気付きから音読を変容させて
いった。図6は第5時、図7は第6時の児童C
の学習履歴である。第5時では、「まだまだの
ところは かなしそうによむ」、第6時では「「な
かなかかぶはぬけません」のところはざんねん
そうによむ」と記述している。

児童Cは、少しずつ表現が変化する繰り返し
部分に気付き、それを音読に反映させようとし
ていると考える。『おおきなかぶ』では、「かぶ
は ぬけません」という表現が繰り返され、場
面によって、その前の言葉が「けれども」「そ
れでも」「やっぱり」「まだまだ」「なかなか」と
変化し、かぶが抜けないことが強調されている。

児童Cは、繰り返される部分の中で変化する
表現に気付き、音読の仕方の工夫を考えていた。
「かなしそう」と「ざんねんそう」は同じよう
な意味と捉えてしまいそうである。しかし、児
童Cはその二つの言葉で、心情の微妙な変化を
表現しようとしたのだろう。登場人物の心情の
変化を読み取り、語彙がまだ少ない1年生とい
う段階にもかかわらず、自分の言葉で考えたこ
とを何とか表現しようとする児童の姿に感心し
た。

『おおきな かぶ』の学習を行うにあたり、
登場する人物とその順序は学級全体で確認しな
がら進めていった。しかし、あえて「かぶは
ぬけません。」の前の言葉の変化には、教師側
からは触れないようにしていた。児童が自ら気
付き、音読の工夫を自分で考えることができる
余白を用意したいと考えたからである。児童C
はその余白に気付き、自らの学習を深めるため
に活用することができていた。

1年生では、何を行うにしても「初めて」と
いう言葉がつく。そのため、丁寧すぎる指導を
行ってしまう場合もあるだろう。「初めて」と
いう言葉を教師の都合で捉え、児童の思考の幅
を狭めてしまっているのではないかと、自分の
これまでの指導を振り返って考えた。

1年生でも、学びの自己調整はできる。それ
を促すためにも、学びの幅をもたせる授業展開
が重要である。そして、OPPシートを用いて
児童の思考を見取る大切さと楽しさに教師も気
付くことができた。

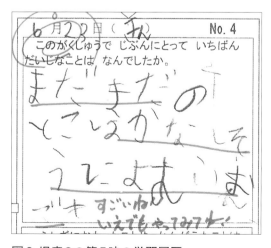

図6 児童Cの第5時の学習履歴

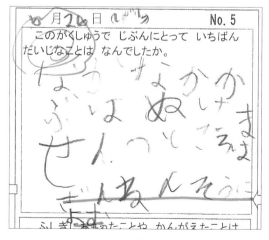

図7 児童Cの第6時の学習履歴

5 初めての自己評価
「こくごのべんきょうの おもいでをつくってきた」(児童E)

1年生は、本単元で初めてOPPシートを使用した。もちろん「自己評価」も初めてである。はたして、1年生の6月の段階で書くことができるのかという不安な部分もあった。

自己評価欄では、単元全体を振り返り、学習を進めてきた自分をどのように思うのかを記述するよう促した。しかし、児童の鉛筆はなかなか動かない。ある児童から、「どんな勉強をしたっけ?」という声が聞こえた。そこで私は、「今まで自分で書いてきたOPPシートに教えてもらったらどうかな?」と全体に伝えた。

積み重ねてきた学習履歴に目を通すと、何かがひらめいたように、自己評価欄に自分の考えを記述し始めた。

図8は児童Fの自己評価である。「がんばったけど、ちょっとむずかしかったです。うんとこしょどっこいしょがむずかしかった」と記述している。児童Fは難しいと感じた部分を具体的に示している。加えて、難しいと感じた部分を

練習してきたこともうかがえる。うまくいったところだけでなく、苦戦したところを具体的に示すことができるのは、児童Fが高い意欲をもって継続的に学習に取り組めたからと考える。

図9は児童Eの自己評価である。「こくごのべんきょうのおもいでをつくってきた」と記述している。「おもいで」という言葉に教師としての喜びを感じたが、「つくってきた」という表現に、それ以上の感激を覚えた。「つくってきた」の主語は児童E本人だと考える。学習を自分自身で積み重ね、その過程を「おもいで」として表現する児童Eの記述からは満足感が溢れていた。

OPPシートを活用することにより、児童は自分自身をはっきりとした形で捉えることができていた。つまずいたり、うまくいったりした自分を自覚した経験が今後、能動的に自分を変容させていこうとする意欲につながると考える。

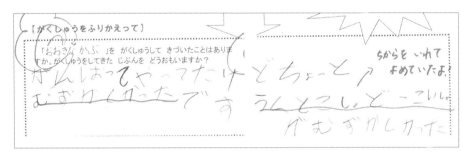

図8 児童Fの自己評価

図9 児童Eの自己評価

4 「整った文字」って何だろう？

めあて達成に向けたOPPシートの活用

自ら選択しためあてや解決方法に向けて、何度も練習に取り組む児童。OPPシートの記述や貼り付けた作品を見ることで、教師は適切なタイミングで支援ができる。めあて達成に向けて、自分の成長を実感し、学びの喜びを感じる

OPPAを通した教師の変容

Before

「どこに、どのように書くとよいのか」を教えれば、整った文字を書くことができると考えていた。黒板で示しながら、一斉に教えれば伝わるはず。しかし、「できない！」「先生！」の声に、私だけが忙しく教室内を動く。できない理由を児童の中に探していた。

→

After

OPPシートに作品を貼っていくことにより、めあてを達成するための足跡がたどりやすくなることに気付いた。「○○くんは、筆のはじめを意識して書いたんだ」「□□さんは、次はこれをめあてにするといいな」と児童一人一人に寄り添った見取りができるようになり、適切な支援につながった。

OPPシートの構成

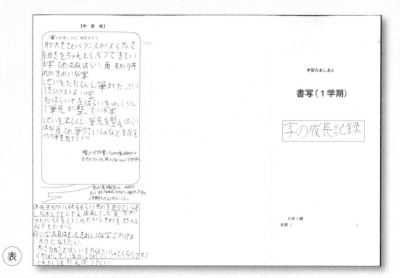

本質的な問い（学習前）

学習履歴

本質的な問い（学習後）

裏にして右側を谷折りにすると
学習前と学習後を一緒に
確認することができる仕様になっている

自己評価

毛筆「組み立て、筆順、字形を整えて書く」

指導目標

- 毛筆を使用して，穂先の動きと点画のつながりを意識して書くことができるようにする。
  （草原）中と外の組み立て方に気を付けて、字形を整えて書くことができるようにする。
- 「原」…「たれ」の中の部分は、文字の中心より少し右へずらすと字形が整うことに気付くようにする。
  （道）「しんにょう」と中の部分の組み立て方に気を付けて書くことができるようにする。
- 中の部分が、外の部分からはみ出さないように書くと、字形が整うことに気付くようにする。
  「しんにょう」の筆使いに気を付けて書くことができるようにする。
- 「しんにょう」の二画目から三画目は、筆を一度はなして、少し重ねて書き始めることに気付くようにする。
  （成長）「左はらい」と「横画」、「たて画」と「横画」の筆順と点画の接し方に気を付けて、字形を整えて書くことができるようにする。
- 先に書いた画に、次の画が接するように書くと、字形が整うことに気付くようにする。

学習の流れ ※はOPPシートから教師が気付いたこと

時数	学習内容
1	●OPPシートの「本質的な問い」に回答する。 ➡ **1**「整った文字って何だろう?」
2	●中と外の部分の組み立て方に気を付けて書く。「草原」 ➡ **2**学びに向かうための仕組み（実態調査） ※筆先・角・とめ・はらい・バランスを教える必要がある。
3	●中と外の部分の組み立て方に気を付けて練習する。「草原」
4	●中と外の部分の組み立て方に気を付けて清書をする。「草原」 ➡ **3**「はらいは、ゆっくり」（児童A） ※OPPシートに貼りためた作品を見直すと、児童自らが「めあて」を定めることができる。
5	●文字の組み立て（中と外）と、穂先の動きに気を付けて練習する。「道」
6	●文字の組み立て（中と外）と、穂先の動きに気を付けて清書する。「道」
7	●筆順に気を付けて、字形を整えて練習する。「成長」 ➡ **4**「名前がしっかりできた!」（児童B） ※児童自らが「めあて」を定めることで、より達成感を得ることができる。
8	●筆順に気を付けて、字形を整えて清書する。「成長」
9	●OPPシートの「本質的な問い」に回答する。➡ **1** ●自己評価欄を記入する。 ➡ **5**「気分がよくなる」（児童C）「勇気がもてるようになった」（児童D）

1 「本質的な問い」の設定
「整った文字って何だろう」

本実践では「本質的な問い」を「整った文字って何だろう？」に設定した。これまでは解答が明確な教科（理科）で、OPPシートを活用して授業を行ってきたが、明確な解答のない教科である書写でOPPシートを活用してみた。全9回の毛筆の学習を通して、「本質的な問い」に対する回答は、図1のように変容した。記述から読み取れる考えの変容だけではなく、作品から個々の児童の変容を見取ることができる。

児童A、B、Cは、学習後に記述した「本質的な問い」の回答に、「筆先」「角」「とめ」「はらい」「バランス」を意識することの大切さをあげている。作品からわかるように元々書写が得意ではなかった児童だけではなく、これまでも字形を整えて書くことができた児童であっても、ともに成長を実感することができた。これは、OPPシートだからこそできた、すべての児童が自分のペースで「成長できた」姿である。

児童A	児童B	児童C

学習前

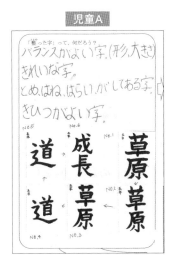

学習後

図1 左から児童A、児童B、児童Cの学習前・後の「本質的な問い」に対する回答

2 学びに向かうための仕組み
「めあて」と「解決方法」を児童が選択

「本質的な問い」と最初に書かせた文字から、筆先・角・とめ・はらい・バランスを教えることが必要であると考えた。指導目標達成に向けて、児童に習得させたい力を図2のように捉え、取り組みやすい順にA～Fを位置付けている。

授業の初めに、図2のスライド（習得させたい力を色分けした〇で囲ったもの）を見せ、本時のめあてを設定する。このとき、児童には、以下のことを伝えた

● 「取り組みやすさ」の基準

● 1つ以上選ぶ

めあてを定めたら、次は解決方法を決める。

図2 めあてを示したスライド

図3のスライドを提示し、解決方法を3点提示する。これも取り組みやすい順にア～ウを位置付けている。

練習（方法）	ア　先生に聞く
ア　先生に聞く	・筆の先をまとめる ・筆を立てる ・紙を見下ろすように座る 　（背すじを伸ばす）
イ　手本をなぞる	
ウ　手本をよく見る	ウ　手本をよく見る
	・紙を折る ・手本も折る

図3 解決方法を示したスライド

このように、「めあて」を定めることや、「解決方法」を自己決定することで、自分の学びをコントロールすることができる。

教師は、いつでも児童の必要に応じられるように、あらかじめ手本や図2のようなめあてを示したスライドを準備する。

準備や指導を繰り返し行うことで、授業中は、「ア　先生に聞く」を選択した児童に、十分な支援を行う時間を設けることができる。

3 めあての達成を意識して
「はらいは、ゆっくり」（児童A）

本来、OPPシートの学習履歴には「本時で一番大切なこと」を記述するが、本実践では、書写という教科の特性上、具体的な問いかけのほうが記入しやすいと考え、「今日の学習でどんなことがわかりましたか？ 大切なことを書きましょう」という問いかけにした。

第3時は「草原」の練習を行った。

児童Aは、第2時に書いた作品をもとに、「C：筆のはらい」「F：バランス」をめあてに設定し、練習に取り組んだ。紙と手本を折り、何度も練習に励んだ。はらいがなかなか思うように書けず苦戦した様子であった。しばらくすると、「先生、はらいはどうすれば、割れずにきれいに書けますか」と尋ねてきた。

そこで、児童のそばに歩み寄り、実際に筆で書きながら、「ゆっくり、筆先を紙から離すよ

うに書くといいよ」と伝えると、さらに練習を重ね、納得のいく作品を仕上げることができた。

図4の振り返りの記述を見ると、「原のはらいをゆっくりはらったから、われずにきれいにかけた。紙を折ってきれいにバランスよくかけた」と学びを振り返り、めあてを達成するために実際に行ったことを大切なことと捉え、OPPシートにまとめた。さらに、書写の作品をスキャンし、プリントアウトしたものをOPPシートに貼り付けていった。

作品を貼りためたOPPシートからは、以下のことを読み取ることができる。

● 児童Aにとってめあては適切か。
● めあて達成に向けて何を学び取ったか。
● 次時の活動への見通し。

図4の第2時の作品を見ると、「原」のはらいが割れていることに気付き、視点を定めたのだ。めあて達成に向けて学んだことは、「ゆっくりはらう」「紙を折ってバランスをとる」ことで

ある。このように、OPPシートに作品を貼ることで児童の思考及び活動を把握しやすくなる。

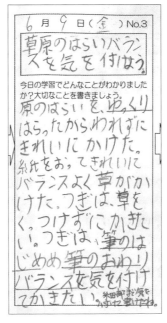

第2時

第3時

図4 児童Aの振り返りと
第2時・第3時の作品

---

④ 支援の適切なタイミングを教えてくれるOPPシート
「名前がしっかりできた!」(児童B)

第7時は「成長」の練習を行った。

児童Bは、めあてを「A:筆のはじめ」「B:筆のおわり」「E:角」「F:バランス」のほかに、独自に「名前」を設定して、練習に取り組んだ。

5つの視点を意識して、手本を見たり、図5の投影されたスライドを見たりしながら、集中して取り組んだ。

児童Bは、書き上げた作品の中から一枚を選

図5 練習中に投影したスライド

び、じっと私を見つめてきた。前時のOPPシートには、「なまえがでかかったから、そこをしゅうせいしたい」と記述されていた。名前を書くときには、支援が必要になるかもしれない、「先生!」と呼ぶこともできないかもしれないと予想していた。案の定、声を上げることはなく、「見つめる」ことで支援を求めてきた。

　すぐに児童のそばに歩み寄り、声を掛けた。名前をどのように書いているか児童から聞き取り、文字が大きくなってしまう原因を探った。その結果、右手を紙から浮かせて書いていることがわかった。そこで、「手や紙を汚さないために、書いた文字に紙を置き、鉛筆で文字を書くときと同じように書くといいよ」と具体的に指導した。

　児童BのOPPシートの記述から、めあて達成を喜び、その過程を楽しんでいる様子がわかる

（図6）。

　OPPシートは、児童への支援を予想し、適切なタイミングを教えてくれる魔法のシートだと感じた。

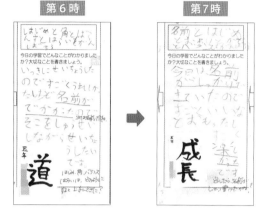

図6　児童Bの第6時・第7時の振り返りと作品

5　自己評価における児童の変容
「気分がよくなる」（児童C）「勇気がもてるようになった」（児童D）

　自己評価を記入するにあたって、以下のように視点を提示した。

① 学習前と学習後を見比べて、変わったところはどこか。
② 変わったことをどう思うか。
③ なぜ、変わったのか。
④ 授業の感想

　児童B～Dのように、成長を実感している児童、先生にアドバイスをもらったことが「できる」につながったと感じた児童、自分のめあて達成のために学びを調整した児童など、提示した視点をもとに、児童は以下のように自己評価をした。

　図7の児童Bは、「すごく成長した。字がきれいになったという達成感をすごく感じた」と記述し、OPPシートに書きためた学習履歴と作品を見て、自分自身の成長を実感している様子が見受けられた。また、児童Bは書写での成長

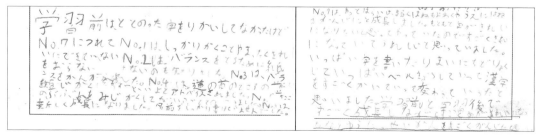

図7　児童Bの自己評価

を喜び、他の教師にうれしそうに話す姿も見られた。適切な自己評価ができるようになることは、他者との良好なコミュニケーションをとるために必要な力であると感じた。

　図8の児童Cのように、「書いた字を見て、上手にできたこととできていないことを見つけて、次回に生かすことをやり続けたことがすごい」

と学びを調整する姿も見られた。そして、「字がきれいだと気分がよくなる。整った字を書いていきたい」と情意面における変容も感じられた。今後、常に「整った字」を意識して書き、書き上げた文字や文章を見て、気分がよくなる体験を積み重ねていくだろう。

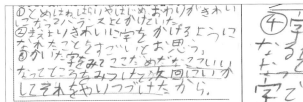

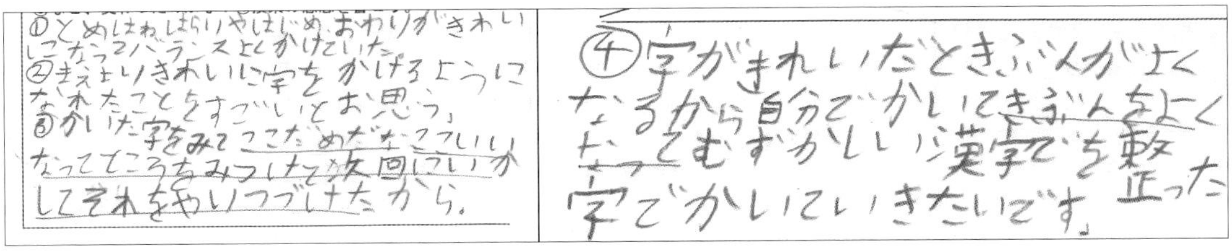

図8　児童Cの自己評価

　図9の児童Dは、「学習前は適当にバランスを考えていなかったけれど、学習後は丁寧にバランスよく書いた」というように、めあてをもつこと、めあてを達成する方法を選んで実行することの大切さに気付くことができた。

　そのような学びを繰り返し行い、OPPシートの学習履歴と貼り付けた作品を改めて見返す

ことで、「勇気がもてるようになった」と自分の学びを評価し、自己評価の欄に記述した。自分で自分を評価することがメタ認知能力や自己肯定感の高まりにもつながり、他のことに対しても同じように頑張ることができるようになるだろう。

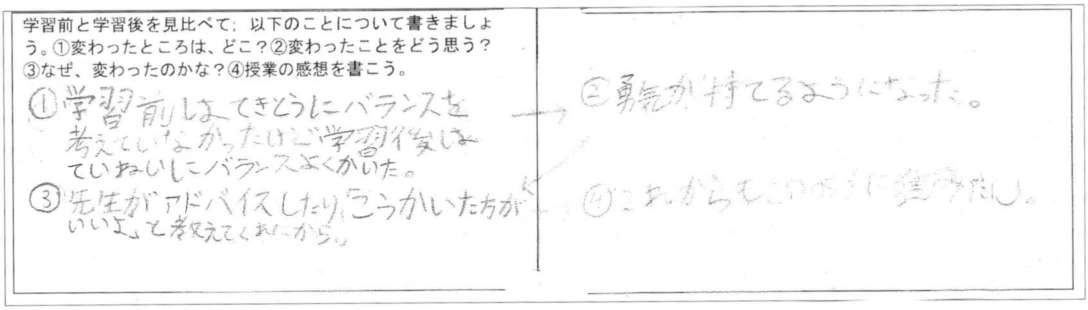

図9　児童Dの自己評価

　このように学びの意味を見いだした子どもたちは、自分自身の成長を楽しむことができるであろう。

　OPPシートを活用して、このように成長する子どもたちをこれからも見続けていきたい。

5 自分の課題を追究する「学びのストーリー」

できる楽しさを実感する授業

児童が自己の身体を見つめながら認識した課題や、その解決のための工夫が表出されたOPPシート。そこには、教師の想定を上回る、児童一人一人の「学びのストーリー」が描かれていた。

OPPAを通した教師の変容

Before

学年が上がれば上がるほど、児童一人一人の技能差が大きくなり、運動が苦手な児童に対して、できる楽しさを実感させることができず、反省する日々が続いた。その原因は、教材研究した内容や私がもっている感覚をどのように言語化するか、どのように伝えるかということばかりを考えていたからだ。

After

OPPシートを活用することで、児童一人一人が自己の身体を見つめながら、技を「スムーズ」に連続して行う工夫を追究している様子を見取ることができた。その中には、私の想定を上回る内容や、私にはない感覚もあった。OPPシートには、児童自身が紡ぐ「学びのストーリー」が表出されていた。

OPPシートの構成

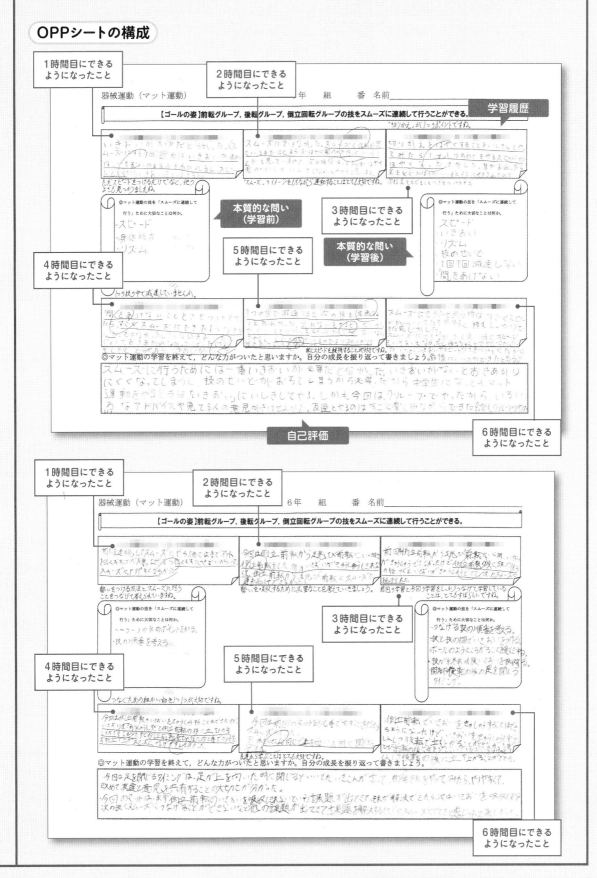

1時間目にできるようになったこと

2時間目にできるようになったこと

学習履歴

3時間目にできるようになったこと

本質的な問い（学習前）

本質的な問い（学習後）

5時間目にできるようになったこと

4時間目にできるようになったこと

自己評価

6時間目にできるようになったこと

器械運動（マット運動）

指導目標

● マット運動の楽しさや喜びを味わい、その行い方を理解するとともに、回転系や巧技系の基本的な技やその発展技を、繰り返したり組み合わせたりすることができるようにする。

● 自己の能力に適した技の組み合わせ方を工夫するとともに、自己や仲間の考えたことを他者に伝えることができるようにする。

● マット運動に積極的に取り組み、約束を守り助け合って運動をしたり、場や器械・器具の安全に気を配ったりすることができるようにする。

学習の流れ　※はOPPシートから教師が気付いたこと

時数	学習内容
1	● オリンピック選手の体操（ゆか）の動画を視聴する。 ● 前転を連続で行っている動画（スムーズに行っている動画）を視聴する。 ● OPPシートの「本質的な問い」に回答する。 　➡ **1**「マット運動の技をスムーズに連続して行うために大切なことは何か」 ●「スムーズ」のイメージを共有する。 ●「スムーズ」を意識しながら、前転を連続で行う。 ●「スムーズに連続して行う」ためのコツを共有する。 　※動画を視聴しただけでも、「スムーズ」の捉え方が児童一人一人で異なる。
2	● すでに習得している技を選択する。 ● 説明を聞いたり示範を見たりして、組み合わせ方を確認する。 ● できるだけ高得点が取れる組み合わせを考える。 ●「スムーズに連続して行う」ためのコツを共有する。 ● 自分が選択した技を4回連続で行う。 ● 友達の運動を見ながら評価したり、アドバイスしたりする。
3-5	●「スムーズに連続して行う」ためのコツを共有する。 ● 自分が選択した技を4回連続で行う。 ● 友達の運動を見ながら評価したり、アドバイスしたりする。 ● 運動を通して体感したり、友達の動きを見て気付いたりしたことを友達と伝え合う。 　※児童は「スムーズ」の意味を自分なりに解釈し、表現する。
6	●「スムーズに連続して行う」ためのコツを共有する。 ● 自分が選択した技を4回連続で行う。 ● 友達の運動を見ながら評価したり、アドバイスしたりする。 ● OPPシートを活用して、本時の振り返りを行う。 ● OPPシートの「本質的な問い」に回答する。➡ **1**

1 「本質的な問い」の設定
「マット運動の技をスムーズに連続して行うために大切なことは何か」

本実践では、「本質的な問い」を「マット運動の技をスムーズに連続して行うために大切なことは何か」と設定した。

できる・できないがはっきりする器械運動領域において、あえて特定の技に関する内容ではなく、習得している技を連続して行うことで体感できる「スムーズ」という抽象的な内容について、OPPシートに回答させることにした。

実際に児童が記述した内容を図1に示す。

3名の児童全員の記述内容が、学習前よりも学習後の方が増えていた。また、授業中に全体で共有した内容だけでなく、児童Aの「ステップをして勢いをつけてから技を行う」、児童Bの「流れるように←なりきって」、児童Cの「勢いをつけてその流れに沿って行う」など、児童自身ができるようになったときに体感したことを言語化して記述していた。

どの教材・単元でも本時の振り返りや単元のまとめで、板書や掲示物の内容をそのまま写して終わっている児童の姿を目にすることがある。

しかし、OPPシートでは、児童自身ができるようになったと体感したことが、一枚の用紙に表出されていくため、児童一人一人が自分の「学びのストーリー」を振り返りながら、単元全体を通しての学びを再認識し、自分なりの言葉で「本質的な問い」をまとめることができるのである。

本来、OPPシートの学習履歴には「本時で一番大切なこと」を記述するが、本実践では、授業を通してできるようになったことに着目しやすくするという意図で、「○時間目にできるようになったこと」というタイトルを設定した。

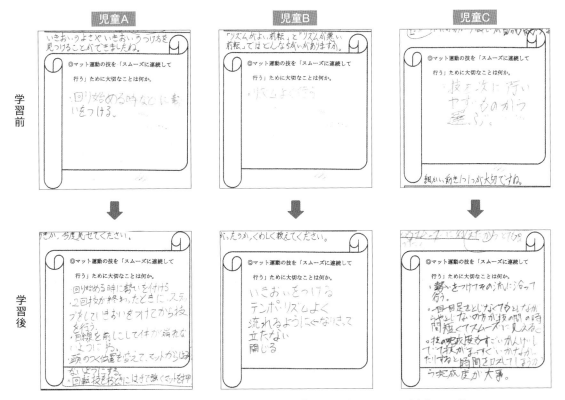

図1 左から児童A、児童B、児童Cの学習前・後の「本質的な問い」に対する回答

❷ スタートする登山口もコースも速さも一人一人異なる

　私はこれまで、運動が苦手な児童にも、できる楽しさや喜びを感じてもらいたいと思いながら教材研究に取り組み、私がもっている感覚を言語化し、どのように伝えるかということを考えてきた。

　これは、山の頂上に私がいて、様々な地点で登ることができなくなっている児童がいるにもかかわらず、すべての児童に同じロープをつかませ、頂上に向かって最短距離で引き上げているようなイメージである。しかし、OPPシートを用いた実践を繰り返していく中で、この授業イメージは大きく変わることになった。

　OPPシートを用いると、まず、児童一人一人がどこまで理解・習得していて、何を課題として捉えているのかなど、「スタートする登山口が一人一人違う」ことがわかる。次に、できるようになるためにどのような過程で進んでいて、そこにどのくらいの時間が必要となるのかなど、「登っていくコースや速さが一人一人違う」ことがわかる。

　そのため、授業者は山の頂上にいて、一本のロープで引き上げようとするのではなく、少し先に登っている児童にロープを渡して、他の児童を引っ張ってもらったり、下にいる児童に励ましの声を掛けながら背中をやさしく押してあげたりするようなイメージに変わった。

　OPPシートには、児童一人一人の「学びのストーリー」が描かれるため、登山を例に、自分自身の授業イメージを大きく変えるきっかけになった。

図2 OPPシートに出会う前と出会った後の授業イメージ

❸ 「スムーズに連続して行う＝勢い」と捉えて追究した児童A

児童Aは、1時間目では「回る時に『勢い』をつけて体が崩れないようにする」「手を伸ばして回り切った後で『勢い』がない時も『勢い』をつける」、2時間目でも「スムーズに行うには、足を閉じるということが大切だと思った（『勢い』もつけれるから）」と、勢いをつけるための体の使い方について記述していた。

3時間目では「2回技が終わって戻るときに『ステップ』をすると勢いがつくということが分かった」と、勢いをつけるためのつなぎ方の工夫について記述していた。

児童Aは学習前の「本質的な問い」に「回り始める時などに勢いをつける」と記述し、単元前半では「勢い」をテーマに追究していった。

4時間目では「技の完成度を上げれば、もっとスムーズに見えて、いいと思った」と記述していた。勢いをつけることで一つ一つの技が雑になってしまう可能性もある。スムーズに連続して行うためには、「一つ一つの技の出来栄え（美しさ）」も大切であるということを4時間目の導入で共有したため、児童Aは「勢い」に加えて、技の完成度を新たな課題として設定した。

5時間目では「2つ技が終わったときに体がマットからはみ出てしまうので、初めの跳び前転のときに、頭のつく位置を変えればいい」、6時間目では「（後転で）後頭部をマットにつけたり、手で押したりするということが分かりました」と記述し、一つ一つの技について、自己の身体を見つめながら、できるようになったと体感したことを言語化していた。

児童AのOPPシートには、「スムーズに連続して行う＝勢い」と捉えて追究を始め、単元後半で「勢い」を意識しすぎることでおろそかになってしまう「一つ一つの技の出来栄え（美しさ）」が全体で共有されると、それをきっかけとして「技の完成度を上げること」を意識できるようになったという児童Aの「学びのストーリー」が表現されていた。

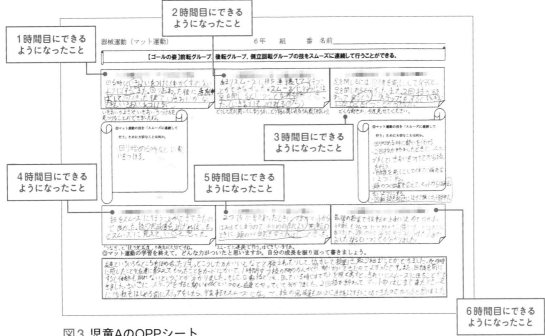

図3 児童AのOPPシート

❹ 「スムーズに連続して行う＝リズムよく」 と捉えて追究した児童B

児童Bは、1時間目では「リズムよく前転ができてよかった」と記述し、「リズムよく＝テンポよく止まらないこと」と捉えていることが表現されていた。一方で、「勢いをつけること」を新たな課題として設定していた。

3時間目では「勢いをつけることができた。勢いがない技とある技では全然違うことが分かった」と勢いをつけながら連続技を行うことができていることを実感していた。

4時間目では「立たないことを意識して取り組んだ」と記述し、一つの技が終わる度に立ち上がるのではなく、そのままの姿勢で次の技を行うという、勢いをつけるためのつなぎ方の工夫について記述していた。

児童Bは学習前の「本質的な問い」に「リズムよく行う」と記述し、単元前半では「テンポよく止まらないために勢いをつけること」をテーマに追究していった。

5時間目では「技を行う時に流れるようなこ

とを意識して行った」と記述し、「リズムよく＝テンポよく止まらないこと」というスムーズのイメージを言語化していた。

さらに6時間目では「最後の2つ（の技）を落ち着いて、ゆっくりとした」というように、前半の2つの技と後半の2つの技のスピードを変えていることを記述し、自己の身体を見つめながら、「リズムよく」連続技を行うためのイメージを言語化していた。

児童BのOPPシートには、「スムーズに連続して行う＝リズムよく」と捉えて追究を始め、単元前半で「勢い」をつけることができるようになったことを実感すると、単元後半では「リズムよく」という言葉を「流れるように」「技によって速さを変える」「ボールの状態」と捉えながら、スムーズに連続して行うことができるようになったという児童Bの「学びのストーリー」が表現されていた。

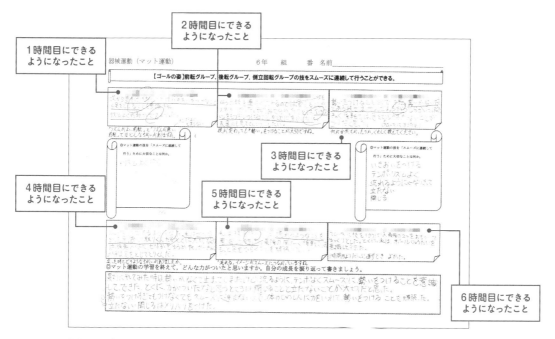

図4 児童BのOPPシート

❺ 「スムーズに連続して行う＝ 技と技との間の時間を短くする」と捉えて追究した児童C

児童Cは、1時間目では「手を前に伸ばすという動きでやってみると、意識的に頭を前にもっていこうとしたり、バランスを整えるという意識が生まれた」と、次の技を行いやすくするための体の使い方について記述していた。

2時間目では「接続部分がなかなかうまくできなかった」「勢いが少なくても行える動きを見つけたい」と、スムーズに連続して行うためのつなぎ方を新たな課題として設定していた。

3時間目では「技を通常より高い位置から始めることで勢いをつけることもできた」「次の技につなげる立つということもスムーズに行えた」と記述していた。

4時間目では、一つの技が終わった後に、立ち上がったり、開いた足を閉じたりせず、その姿勢のまま次の技を行ったほうがスムーズに連続して行うことができるという児童の気付きを全体で共有した。児童Bは「閉じないということは前から行っていて、自分ではそれにプラス

ジャンプしながら勢いをつけている」と自己の身体を見つめながら、つなぎ方について工夫していることを記述していた。

5時間目では「技のつなぎの部分の時間をそろえると技がスムーズに見える」と友達からアドバイスをされ、「新しい発見になった」と記述していた。

児童Cは学習後の「本質的な問い」に「技の間の時間が短くてスムーズに見える」「技がまっすぐいかなかったりすると時間をロスしてしまうから完成度が大事」と技と技との間の時間を短くすることの大切さについて記述していた。

児童CのOPPシートには、「スムーズに連続して行う＝技と技との間の時間を短くする」と捉え、2時間目で技のつなぎ方について追究を始め、全体で共有した内容や友達からのアドバイスを踏まえながら、技と技との間の時間を短くすることができるようになったという児童Cの「学びのストーリー」が表現されていた。

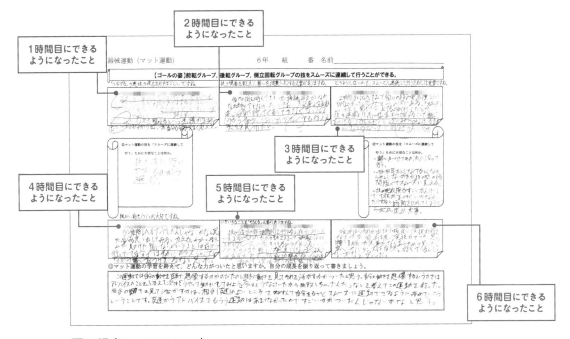

図5　児童CのOPPシート

6 長さって何?

1年生だって、自分でできるもん!

本実践では、「どちらが長い?」という課題を何度も設定した。教師が一つずつ教えることなく、児童は長さの比較方法を自分たちで見つけ出していた。その姿から、1年生の力を実感したのだった。

OPPAを通した教師の変容

Before

学習は小学校6年間、そして中学校3年間を見通し、系統立てて行わなければならないと考えていた。しかし、児童の実態は様々である。その中で、1年生に対しては、教師主導で一つずつ丁寧に指導していくべきではないかと考えていた。

After

1年生は、入学前の学習経験が異なる。だからこそ、第1時で「パフォーマンス課題」を設定し、児童の概念や考え方を表出させ、それをもとに単元計画を立てることにした。児童の思考により注目するようになり、児童の可能性を「引き出す」重要性に気が付くとともに、それ自体に喜びを覚えるようになった。

OPPシートの構成

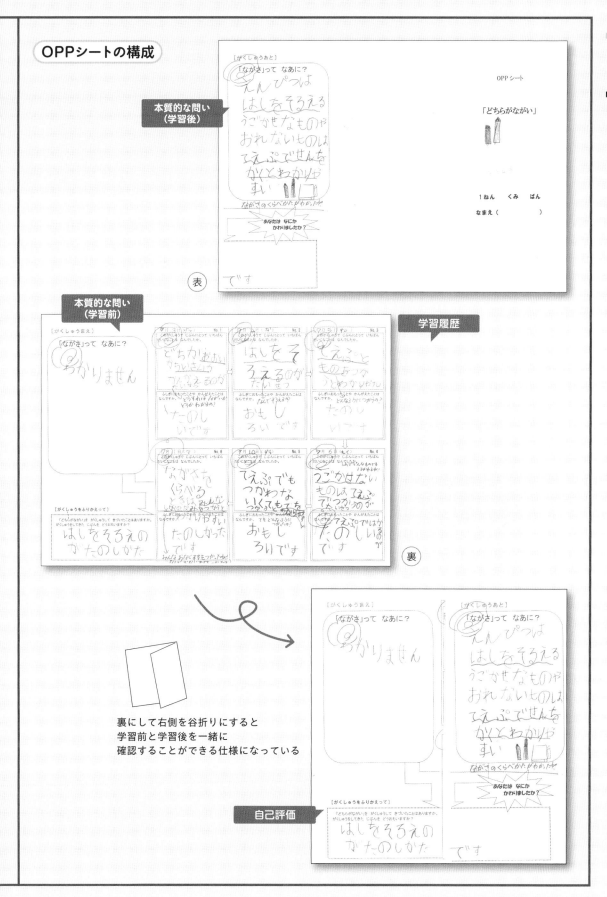

本質的な問い
（学習後）

本質的な問い
（学習前）

学習履歴

裏にして右側を谷折りにすると
学習前と学習後を一緒に
確認することができる仕様になっている

自己評価

「どちらが長い」

指導目標

- 長さについての基礎的な意味や、比較の方法、任意単位による測定の方法を理解し、長さについての基礎的な感覚を身につけ、直接比較や間接比較、任意単位による測定などによって、長さを比べることができるようにする。
- 身の回りにあるものの長さに着目して、直接比較や間接比較、任意単位による長さの比べ方を考えたり、任意単位により長さを数値で表したりすることができるようにする。
- 身の回りにあるものの長さに関心をもち、比較の方法を工夫した過程や結果を振り返り、そのよさや楽しさを感じながら学ぼうとすることができるようにする。

学習の流れ ※はOPPシートから教師が気付いたこと

時数	学習内容
1	● OPPシートの「本質的な問い」に回答する。 　➡ **1**「『ながさ』ってなに？」 ●「ストローとリボン」「長方形の紙の縦と横」「曲がりの異なる2本のきゅうり」の長さを比べる。 ※「パフォーマンス課題」で児童の概念や考え方が表出される。 　➡ **2**パフォーマンス課題が思考の可視化を促す
2	● 前時の復習 ● 長さの測定方法を分類する。「直接比較」「間接比較」
3	● 直接比較することのできない身の回りのものの長さを間接比較で比べる。
4	● 直接比較することのできない身の回りの大きなものの長さを間接比較で比べる。
5	● 身の回りにあるものの長さを任意単位のいくつ分として捉えることで、数として表したり、比較できたりすることを理解する。
6	● 任意単位による長さの比較についての理解を深める。
7	● OPPシートの「本質的な問い」に回答する。➡ **1** ● 自己評価欄を記入する。 　➡ **3**授業だけではとどまらない一人一人の思考の広がり ※学ぶ順序が大事なのではない。

1 「本質的な問い」の設定
「『ながさ』ってなに?」

本単元では、長さの「直接比較」「間接比較」「任意単位による測定」を主に扱う。この三つの長さの測定方法を学ぶにあたり、身の回りのものの長さを比較する学習活動を多く設定する。そのため当初、「ながさはどうやってくらべるの?」という「本質的な問い」を設定しようとも考えたが、長さを「くらべる」という側面だけで捉えることなく、児童が思考を広げていけるように「『ながさ』ってなに?」とした。

児童A、B、Cの「本質的な問い」への回答を見ると、学習前と比べて、学習後は具体的な長さの測定方法について記述している。児童A、Bに関しては、「わからない」状態から考えを深めていったことがわかる。児童Cは定規について記述しているため、1年生では扱わない普遍単位の存在にも気付き始めていると考える。

本単元は、様々なものを自由に比較する体験を多く取り入れた。教師が教えることなく、児童は長さの測定方法について、体験を通して考えを深めることができていた。

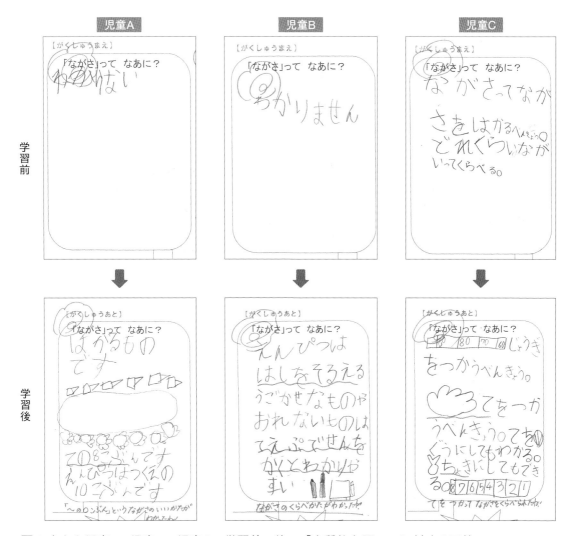

図1 左から児童A、児童B、児童Cの学習前・後の「本質的な問い」に対する回答

❷ パフォーマンス課題が思考の可視化を促す

⑴ 自由に長さを比較させると、教師の想定を超えた方法が生まれた！

　本単元は、長さの測定方法を「直接比較」「間接比較」「任意単位による測定」という順で一つずつ学習する場合が多い。私も当初、一つずつ長さの測定方法を身に付けさせ、その中で気が付いた問題点を解決するために別の測定方法を試すという学習過程を計画していた。

　しかし、児童の学習前の「本質的な問い」への回答から、彼らは実際の生活の中で上述した三つの測定方法を意識して使い分け、長さを比較していないのではないかと考えた。児童は感覚的に「長い」「短い」を判断していると予想し、私はその感覚的な部分を明確な測定方法に結び付けたいと考えた。

　そこで、第1時では、「どちらがながい？」というパフォーマンス課題を設定し、身近にあるものの長さを自由に比較させた。身近なものとして、「ストローとリボン」「長方形の紙の縦と横」「曲がりの異なる2本のきゅうり」を取り上げた。児童は試行錯誤しながら自らの経験や考えをもとに、長さを比較していた。

　「ストローとリボン」は図2のように、ストローの曲がった部分を伸ばし、端をそろえて直接比較をしていた。児童は直接比較する際、「真っ直ぐにする」「端をそろえる」といったように、条件を整えることを自然に行っていた。

　「長方形の紙の縦と横」では、図3のように折って、紙の縦と横の長さを比べていた。紙を折ることによって直接比較できると気付いた児童の発想力に驚いた。また、筆箱などの比較対象物を使い、紙の縦と横の長さを筆箱とそれぞれ比べ、その差からどちらが長いかを考える児童もいた。「間接比較」の方法を自らの力で生み出していた。

　「曲がりの異なる2本のきゅうり」の長さの比較には一番苦戦していた。一見すると、曲がりが小さいきゅうりの方が長く見える。しかし、児童はそれに違和感を感じ、長さの比較方法を考えていた。

　単元の実施前に授業を構想した段階では、きゅうりの比較は難しいという結論になり、次時で紐や紙テープを活用すると間接比較によって長さ比べが可能になると気が付けるような授業展開にしようと考えていた。しかし、そのような授業展開にはならなかった。

　児童は、あらゆる工夫をしながらきゅうりの長さ比べを可能にしようとした。試行錯誤をしていく中で、図4のような長さの比較方法を考えていた。図4の右側の写真のように腕をきゅうりの曲線に沿うように置き、長さを腕に写し取っていた。きゅうりは腕のどの部分までの長さかをこの方法で調べ、長いきゅうりはどちらかを考えていた。「間接比較」の方法を試行錯誤していく中で見つけ出していた。

　きゅうりの長さ比べはできないだろうという想定を児童が大きく超えたことを、私はうれしく感じた。それと同時に、児童の可能性を狭めなくてよかったと安心した。きゅうりの長さ比べは難しいという教師の勝手な思い込みで、授業のハードルを下げていたら、児童はここまで必死に考え、チャレンジしていなかったかもしれない。児童の思考の広がりの可能性を信じ、授業を組み立てていくことの重要性を学ぶことができた。

⑵ 児童の考えが可視化されたOPPシートから単元計画を立てる

　第1時では、図2、3、4のように、身近にあるものの長さを自由に比較させる活動を行った。児童にとって自由度の高い学習活動の場合、授業内で児童一人一人の様子を見取ることが難し

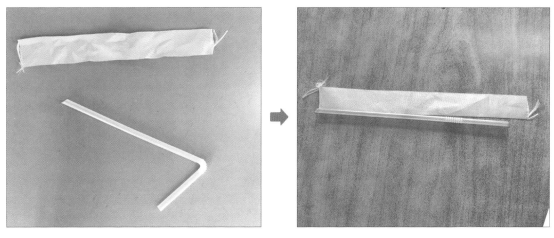

図2 児童が考えたストローとリボンの長さの比較方法

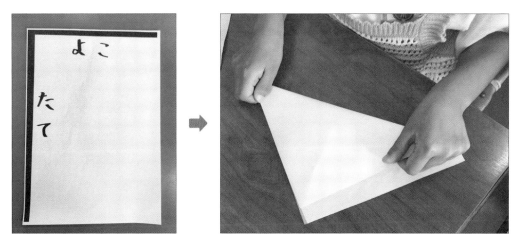

図3 児童が考えた長方形の紙の縦と横の長さの比較方法

図4 児童が考えた曲がりの異なる2本のきゅうりの長さの比較方法

い。そのため、児童の実態把握と、授業改善が困難となる。

　OPPシートを活用することで、この問題が解決されると考える。一人一人異なる活動を行っていても、OPPシートには児童の思考が可視化されているため、児童の実態を把握することができるのである。

　児童Cは第1時の授業を受け、学習履歴に「したをそろえる」と記述している（図5）。児童Cは直接比較を行う際、端をそろえた上で長さを比べる重要性に気付いていると考える。同様の記述をした児童が他にも多数存在した。

　児童Dは曲がりの強いきゅうりの方が長いと考えている（図6）。この記述からは、感覚的に長さの判断をしているように思われた。そのため、教師からのコメントでどのように測定したらよいか考えるよう促した。

　児童Eは「まがってたら てでもたしかめられるよ」と記述している（図7）。児童Eが図4のように腕を使ってきゅうりの長さを測定している姿を目にしたが、その測定方法をどのような意図で選択したのかをもう一度考えさせたいと考えた。そこで、「てでどうやってながさをしらべるの？」とコメントし、再度考えるよう促した。

　第1時で「どちらがながい？」というパフォーマンス課題を設定し、OPPシートで児童の思考を覗くと、図5、7のような「直接比較」「間接比較」に関する記述が多く見られた。一方、「任意単位による測定」方法にはあまり気が付いていないようであった。そこで、「任意単位による測定」を通常より多く扱う単元計画を立てた。パフォーマンス課題を設定したことでOPPシートに児童の思考がより表出され、授業構想に結び付けることができた。

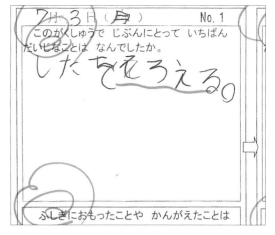

図5　児童Cの第1時の学習履歴

図6　児童Dの第1時の学習履歴

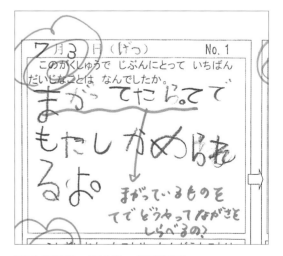

図7　児童Eの第1時の学習履歴

3 授業だけではとどまらない一人一人の思考の広がり

第5時では、身近にあるものの長さを任意単位のいくつ分として表す活動を行った。学級全員で、机の縦と横の長さをそれぞれの任意単位で表した。

児童Fは学習履歴に「えんぴつでも てでも おなじじゃなきゃだめ」と記述している（図8）。次の第6時で児童Fの許可のもと、この記述について改めて説明を求めた。児童Fの説明は、みな同じ机の長さを調べているのに、それぞれ数値が異なることに違和感を感じ、全員が同じものを使って計測したほうがいいのではないかという内容であった。この発言を聞き、他の児童は納得していた。

そこで、今度は全員で鉛筆を使用して、机の縦と横の長さを計測した。しかし、また数値は異なってしまう。児童はこの結果から、鉛筆の長さに原因があると考え、友達と鉛筆を見せ合い、長さの違いに気が付いていた。

児童Fは第6時の学習履歴に「おなじものを

つかう」と記述している（図9）。児童Fはみなが同じ長さのものを使用して計測する必要性に気付き始めていると考える。

普遍単位による測定は第2学年で扱う。児童は本単元の学習を経て、普遍単位の必要性を感じ始めているようであった。授業内で、定規にある数字に興味をもつ児童もいた。

図10は児童Cの自己評価である。そこには、「じょうぎをつかわなくてもできました」と記述されている。この記述と授業の様子から、児童Cは普遍単位についての知識を授業外で得ていたと考える。本単元を通して、普遍単位の測定を用いなくても、直接比較、間接比較、任意単位による測定によって長さの比較ができると気付いたようである。

学ぶ順序が大事なのではない。学びの広がりは人それぞれである。それを支え、可視化するものとしてOPPシートがあると、この実践を通して考えた。

図8 児童Fの第5時の学習履歴　　図9 児童Fの第6時の学習履歴

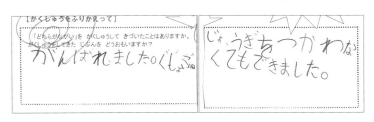

図10 児童Cの自己評価

7 「書けない」児童が教えてくれたこと

OPPシートだから見取ることができた児童の実態

クラスの中には、文字や文を書くことに抵抗がある児童もいる。OPPシートはそのような児童の実態も見取ることができる。本実践を通して、表現の仕方は「文字」だけではないことを実感した。

OPPAを通した教師の変容

Before

児童のノートやプリントの記述を見て、児童の実態を見取っていると思っていた。しかし、ノートやプリントを書かない児童もいた。そのような児童には授業の中で、「きちんとノートとってね」「プリント書かなきゃダメだよ」と言葉かけをしていた。私は「ノートやプリントを書かない」＝「授業に参加していない」と考えていた。

After

OPPシートを通して、本当の児童の実態を見取ることができた。特に、ノートやプリントを書かない児童は、「書かない」のではなく「書けない」ということに気付いた。それ以降、児童の見取り方や言葉かけを改め、児童一人一人を見取ることの大切さを実感した。

OPPシートの構成

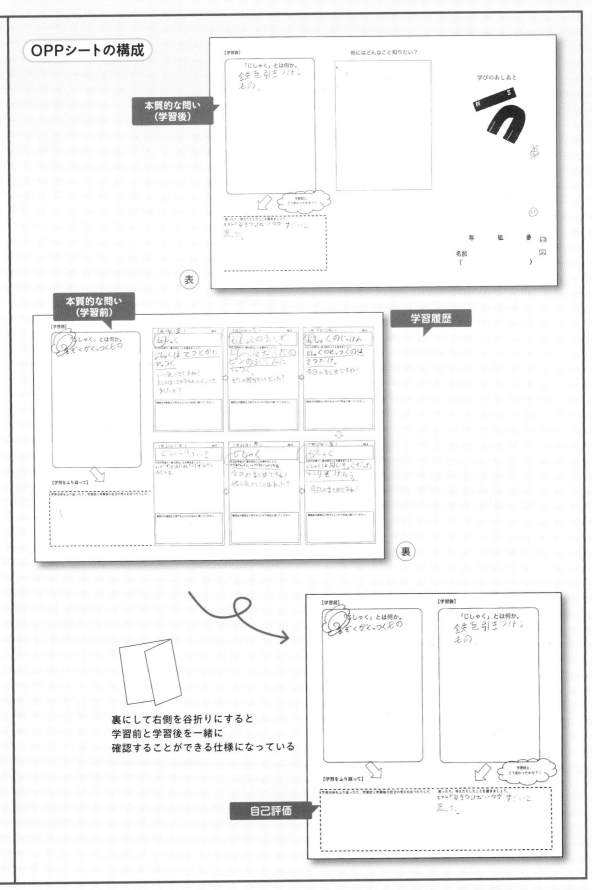

本質的な問い
（学習後）

本質的な問い
（学習前）

学習履歴

表

裏

裏にして右側を谷折りにすると
学習前と学習後を一緒に
確認することができる仕様になっている

自己評価

「じしゃくのふしぎ」

指導目標

● 「磁石にくっつく物とくっつかない物」「磁石を近づけると磁石になる物」「磁石の異極は引きつけ合い、同極は退け合うこと」について理解することができるようにする。

● 磁石について、知っていることを整理して、実験を通して磁石の性質を考え、自分の言葉で「じしゃくとは何か」をまとめることができるようにする。

● 活動・実験の意味を考え、学ぼうとすることができるようにする。

学習の流れ　　※はOPPシートから教師が気付いたこと

時数	学習内容
1	● OPPシートの学習前「本質的な問い」に回答する。 ➡ **1**「『じしゃく』とは何か」 ● 磁石を持って教室の中にでくっつくもの、くっつかないものを探して、「気づいたこと・ふしぎに思ったこと」をプリントに書き出す。
2	● 前時の「気づいたこと・ふしぎに思ったこと」を発表し、グループ分けをする。 ● 磁石にくっつくものとくっつかないものを調べる実験の予想を立てる。 ➡ **2**「わかんない」(児童D) ※発言がない児童でも予想を考えることができている。
3	● 磁石にくっつくものとくっつかないものの実験 ● 実験結果のまとめ ➡ **3**絵で描かれた学習履歴
4	● 磁石のN極とS極の関係についての実験(引きつけ合うとしりぞけ合う力)
5	● 磁石についた鉄がじしゃくになる実験
6	● 磁石の教材キットで遊ぶ。 ● OPPシートの学習後「本質的な問い」、自己評価欄に回答する。➡ **1**

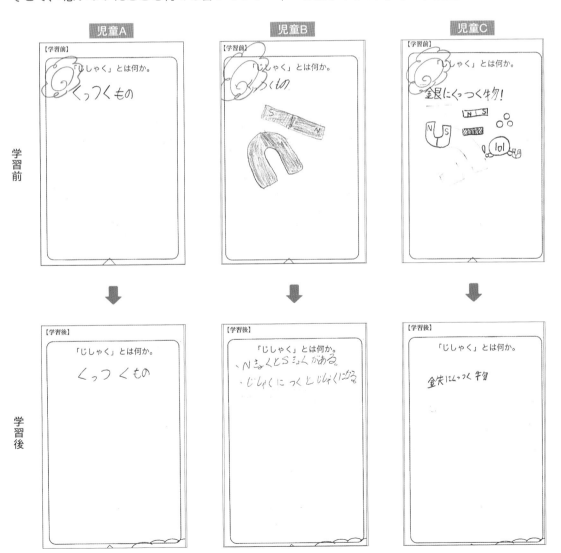

1 「本質的な問い」の設定
「『じしゃく』とは何か」

本実践では、「本質的な問い」を「『じしゃく』とは何か」に設定した。休み時間に児童が磁石を使って遊ぶ様子を見て、どのような知識や考えをもっているのかを見取ることで、授業に生かせるのではないかと考えたためである。OPPシートを使い始めてすぐは、「〇〇とは何か」という問いに困惑する児童が多く、「わからない」や「書けない」と声を上げる児童もいた。そこで、「思いついたことを何でも書いていい

よ、絵を描いてもいいよ」と言葉かけをした。すると、児童はだんだんと自分の言葉で回答することができるようになった。図1は本実践の学習前・後の回答である。

学習前の記述では、多くの児童の回答は、児童Aや児童Bのように「くっつくもの」であった。磁石については、2年の生活科の授業で学習しており、磁石がどのようなものかはわかっている様子であった。また、児童Cの「銀にくっつ

図1 左から児童A、児童B、児童Cの学習前・後の「本質的な問い」に対する回答

くもの」のように、科学的に不適切な認識をもっている児童もいることがわかった。学習前の児童の記述からヒントを得て、授業改善をすることができたのである。

　児童Aや児童Bの「くっつくもの」という記述から、どういうときにくっつくのかを実験の視点として言葉かけをした。また、児童Cの「銀にくっつく物」という記述から、磁石は何にくっつくのかを身の回りのものから探す活動を取り入れた。このように「磁石とは何か」のような幅をもたせた問いによって、児童の考えを広く受け取ることで、授業改善をすることができた。

　学習後には、児童Bや児童Cの記述のように、学習前に比べるとより科学的に適切な内容に変容した児童が何人もいた。一方で、児童Aの記述のように内容が変わらない児童も数人いた。変容が見られなかった「本質的な問い」の回答は、授業について考え直すきっかけとなった。

② 教師の思い違い
「わかんない」（児童D）

　図2は、実験には進んで取り組むことができるが、ノートやプリントはほとんど書くことができなかった児童Dの記述である。文字を書くことが苦手なら、児童Dのできることを見つける必要があると考え、授業中に頻繁に声をかけるようにしていた。児童Dは、OPPシートもなかなか書くことができなかったため、その都度「字で書くことが難しかったら絵で描いてごらん」と言葉かけをしていた。すると、児童DはOPPシートに「わかんない」の一言を書いて提出した。私はこの記述を見て、大きな思い違いをしていたことに気が付いた。児童Dは文字を書くことが苦手だから書けなかったのではなく、「わからない」から書けなかったのだった。このように、OPPシートのコミュニケーションツールとしての機能によって、児童Dの本音を引き出すことができた。それ以降、私は「わからなくてもいいんだよ、自分の思ったことをそのまま書いてごらん」というように、児童Dへの言葉かけを改めた。すると、次時のOPPシートは、感想欄に「まるいてつがくつく、はなしてもくつく」という記述があった。児童Dは自分の気付いたことを書くことができたのである。

　私は、児童の本音を聞かなければ、実態に合わせた手立てはできないことを実感した。目で見えることだけではなく、むしろ頭の中で考えていることを見取ることが大切であることに気付くことができた。

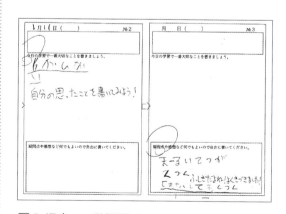

図2　児童Dの学習履歴

③ 絵で描かれた学習履歴

図3は、授業に集中することができず、学習に取り組めていない様子が見られる児童Eの記述である。児童Eは、文字を書くことに抵抗があり、自ら書こうとしなかった。しかし、OPPシートは進んで書き進めていた。児童EのOPPシートには、図3のように絵が描かれていた。絵はその時間に学習した内容に関することであり、児童Eにとっての「一番大切だと思ったこと」が表現されていた。児童Eは授業中、体を横に向け、机の上の教科書とノートは開かずに座っている状態であったが、OPPシートを見てみると、しっかり話を聞いて、学習内容についてたくさんのことを考えていたことがわかった。

3時間目の学習履歴の記述（図3のNo3の記述）では、棒磁石にS極とN極が書かれており、棒磁石にクリップがくっついている。3時間目は、磁石にくっつくものとくっつかないものを調べる実験を行った。実験をする中で、児童Eは教師に「クリップをたくさん貸してください」と言いに来た。OPPシートの記述から、児童Eはクリップがたくさん磁石につく様子が一番大切だと考えていたことがわかる。さらに、児童Eは私が書いた「じしゃくにクリップがたくさんつきましたね！」というコメントを見て、「クリップがね、磁石の端っこにたくさんついたんだよ」と、OPPシートを持って言いに来た。磁石のどこにクリップがくっついたのかをよく観察していた。OPPシートによって、児童Eは自らの学びを振り返り、どんなことが大切だと思ったのかを言葉で伝えることができたのだ。

OPPシートは、文字を書くことに抵抗のある児童でも絵で表現することができる。そして、自らの成長を自覚し、次の学びへつながっていくのだと考える。

図3　児童Eの学習履歴

7　「書けない」児童が教えてくれたこと　91

4 児童の気付きを大切にしたコメントでのやりとり

OPPシートには、児童の記述に対するフィードバックとして、コメントを書き込む。このOPPシートの双方向性が、児童の学びを支えるために大切である。私は、コメントを書き込む際に三つのことを意識していた。

一つ目は、児童の気付きを価値付けるコメントである。児童は様々な気付きをOPPシートに書いてくれる。しかし、OPPシートを書き始めて間もない頃、多くの児童は教師に褒めてもらえることや正しいことを書こうとしていた。そのため、本音を書くことを避けている様子がよく見られた。私は児童の本音を引き出すために、些細な気付きに対しても「いい気付きですね!」「よく気付きました!」とコメントを返し続けた。すると、児童Fの記述のように、自分の感じたことを素直に書く児童がだんだんと増えてきた。「どんなことを書いてもいいんだ」という安心感をもつことができたのだろう。

二つ目は、児童の気付きを深めるコメントである。児童Gの記述は、磁石にくっつくものとくっつかないものを調べる実験を行った際の学習履歴である。児童Gは「じしゃくにピンを近

づけるとピンが少し動いた!!」と記述していた。私は児童の気付きを言及し、「どうしてピンが動いたのかな?」とコメントをした。児童Gは私のコメントに「てつだから」と返事を書いてくれた。私は、児童の記述と指導目標を比べ、その差異を埋めるためのコメントを意識していた。つまり、フィードバックとして、児童の発達の最近接領域への働きかけを意図したコメントを行った。

二つ目は、雑談としてのコメントである。私は児童が本音を書けるように雑談としてコメントを書いていた。児童Hの記述では、感想欄に「じしゃーーーーく」と書かれていた。私はこれをチャンスだと思い、「楽しいーーーーー」とコメントを返した。児童がどんなことでも書けるように、私自身も楽しんでOPPシートにコメントを書くことを意識していた。このようなコメントをすると、児童から「交換日記みたいだね!」や「先生の理科は授業じゃないみたい!」という声を聞くことがあった。OPPシートは、児童も教師も楽しんで学習に向かうためのきっかけになるのだと感じた。

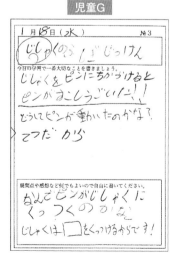
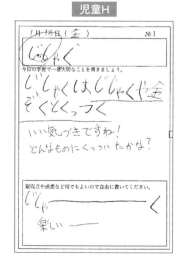

図4 児童F、児童G、児童Hの学習履歴

5 OPPシートで授業の景色が変わった

OPPシートから児童の実態を見取ることによって、私自身の教育観を見つめ直すことができた。

図5は最終時である6時間目に記入された学習履歴欄である。6時間目は、磁石を使ったおもちゃを作って遊ぶ活動をした。磁石の極の向きや磁石の性質などを工夫して遊ぶことができた。図5の児童Iの記述には「じしゃくはいろいろなふしぎがあってこれからも理科のじっけんを楽しみにする」と記述されており、児童Iが楽しんで活動していたことがわかる。

月　日（　）　№5

楽しかった（テスト100点）

今日の学習で一番大切なことを書きましょう。

じしゃくは、いろいろな、ふしぎがあ、てこれからも理科のじっけんを楽しみにする。

疑問点や感想など何でもよいので自由に書いてください。

ww

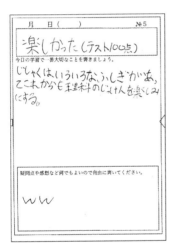

図5 児童Iの学習履歴

また、図6は児童Jの自己評価欄である。児童Jは「じしゃくはいろんなことができてみんなたのしいと思うしこんなにじしゃくがたのしいと思ったのははじめてだった」と記述している。単元を通して楽しく学ぶことができていた様子がわかる。

このように、児童が自ら学びに向かう姿を見取ることができたのはOPPシートだからこそだと、児童の記述を見ながら感じた。OPPシートを使うまでは、教科書通りに授業をやることに必死になっていた。そうすれば、児童は学習内容を理解することができると思っていたのである。しかし、授業中の私の目線は常に教科書に向けられていて、児童のことをきちんと見ることができていなかった。

OPPシートを使い始めてから、授業の景色が変わったように感じた。OPPシートには、私の授業を受けてどんな学びがあったのかが明確に表れている。学習履歴欄に「特にない」と記述されたOPPシートがあったときには、私は自分の教育観を何度も見直した。児童の本音と向き合う中で、私は「児童に学習内容を教える」ことではなく「児童の学ぶ姿を支える」ことが大切なのだと気付くことができた。

OPPシートで児童の実態を見取り、その学びを支えていくことで、児童は楽しんで学びに向かうことができる。それが資質・能力の育成にもつながるのだと考える。

学習全体をふり返ったり、学習前と学習後の自分の考えを比べたりして、思ったり、考えたりしたことを書きましょう。

じしゃくはいろんなことができてみんなたのしいと思うしこんなにじしゃくでたのしいと思ったのははじめてだった。

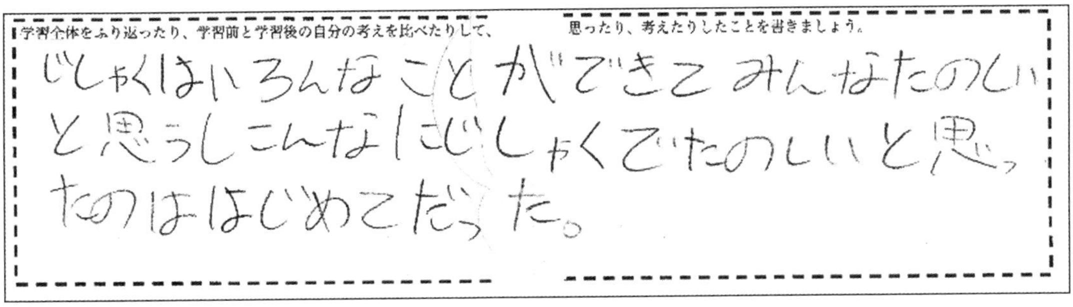

図6 児童Jの学習履歴

8 「教師主体」から「学習者主体」へ

見えない頭の中を可視化

教員1年目の2学期、授業も少しずつ形にはなってきたが、この状態を続けるだけでいいのか疑問を感じていた。OPPシートを使ってみると、これまでの授業が教師主体であったことに気が付いた。

OPPAを通した教師の変容

Before

授業中に発言する児童が多いので、クラスのほとんどは授業の内容が理解しているのかなと漠然と考えていた。しかし、手が止まっている、困った表情をしている児童もいる。一人一人がその日の授業で何を思い、何を考えているのかが把握できず、私自身も悩んでいた。

After

OPPシートを見るたびに、児童の考えや思いが伝わってきた。「この授業で一番大切なこと」は一人一人で異なり、教師はそれを把握することによって、児童やクラスに合わせた授業改善ができる。OPPシートで児童の頭の中が可視化されたので、私自身も安心して授業を行うことができた。

OPPシートの構成

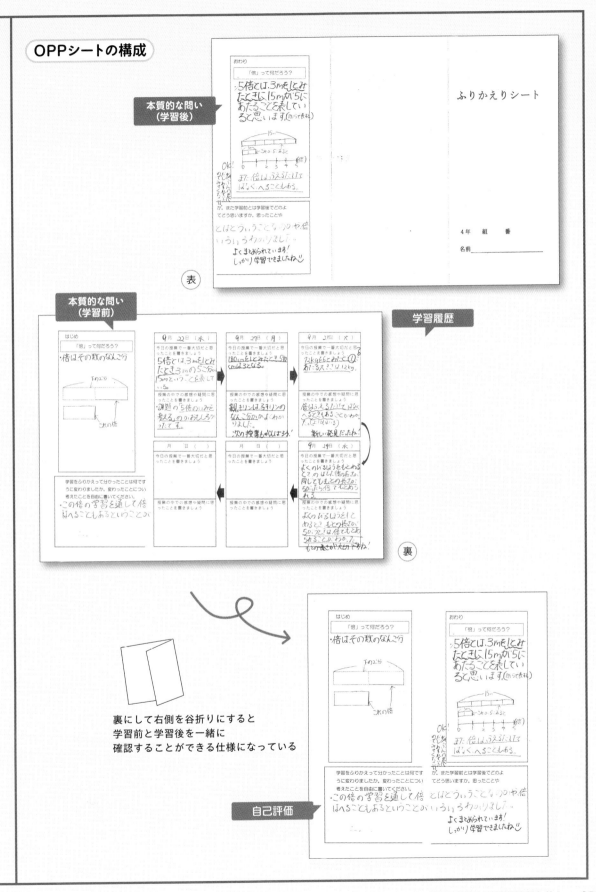

本質的な問い（学習後）

ふりかえりシート

4年　組　番

名前＿＿＿＿＿＿＿＿＿

（表）

本質的な問い（学習前）

学習履歴

（裏）

裏にして右側を谷折りにすると
学習前と学習後を一緒に
確認することができる仕様になっている

自己評価

「倍の見方」

指導目標

- 簡単な場合についての割合を活用して、ある二つの数量の関係と別の二つの数量の関係とを比べることができるようにする。
- 日常の事象における数量の関係に着目し、ある二つの数量の関係と別の二つの数量の関係について割合を考え、説明できるようにする。
- 簡単な場合について、割合を用いて比べたことを振り返り、よりよいものを求めて粘り強く考えたり、学習したことを今後の生活や学習に活用できるようにする。

学習の流れ　　※はOPPシートから教師が気付いたこと

時数	学習内容
1	● OPPシートの「本質的な問い」に回答する。 ➡ **1**「『倍』って何だろう？」授業を組み立てる上で欠かせない「本質的な問い」
2	● 倍を求める方法を理解する。 ● 倍の意味 ➡ **2** 1ではないのに1とみる？「教師主体の授業」の自覚 ※児童の率直な記述が、教師の授業改善につながる。
3	● 比較量を求める方法を理解する。
4	● 基準量の求め方を理解する。 ● 基準量変換の見方について ➡ **3** 答えが減る倍　教師が想定しなかった児童の「見方」 ※教師の「当たり前」は児童にとっての「驚き」。
5	● 倍による比較について ● OPPシートの「本質的な問い」「自己評価欄」に回答する。 ➡ **4** 学習前と学習後を比べて

1 授業を組み立てる上で欠かせない「本質的な問い」

⑴「本質的な問い」の設定

　本実践では、OPPシートの「本質的な問い」を「『倍』って何だろう?」に設定した。「倍の見方」という単元名から、学習者の「倍」に対する見方を広げたり、深めたりする問いにすべきと考えたためである。そのためには、学習前の児童が「倍」に対してどのような見方をもっているか把握することが必要不可欠だと考え、回答の幅が広くなるこの問いにした。

⑵学習前の児童の考え（素朴概念）

　設定した「本質的な問い」から、学習前の児童は図1のような「倍の見方」をもっていることがわかった。多かった見方として児童Aのような「倍は、物をふやしたりすること」という、増加の概念があった。その中でも特に、児童Bのような「もとの数×2をすること」という「倍＝×2」という見方が多く見られた。これらの考えを知ったとき、私は驚きを感じた。

　そこで調べてみると、倍とは「①ある数量を二つ合わせた数量。2倍」「②同じ数を重ねて加え合わせる回数を表すのに用いる」という意味

をもつことがわかった。これより、児童はこの①の意味を、元々もっている知識や日常生活での経験を通して感じ取っているのだと考えた。

　他にも、児童Cのように「わからない」という記述も複数見られた。そのように記述した児童に話を聞くと、「考えてみたこともないからどう答えたらいいかわからない」と述べていた。

⑶児童の考えに基づく授業改善

　学習前の児童の考えに基づき、この単元では次の二つを軸に授業を行おうと考えた。

①「倍」は「×2」だけではなく、「基準量を1とみたときに、比較量が○にあたる」という見方を身に付けられるようにすること。
②「倍」とは何か問われたときに、何か一つでも記述ができるよう、学習を通して「倍の見方」を獲得できるようにすること。

　OPPシートを使っていなかったら、これらの児童の考えを知らずに授業を進め、何を伝えたいのか曖昧なまま学習が終わっていただろう。今回、軸にしようと考えた二つは、OPPシー

図1　左から児童A、児童B、児童Cの学習前の「本質的な問い」に対する回答

トで学習前の児童の考え（素朴概念）を把握したからこそつかめたことである。

　学習前の児童の考えを把握することで、教師は安心して授業の方針を組み立てることができる。さらに、学習後の「本質的な問い」の回答を見取ることで、自身の授業改善がどうであったかを把握することもできる。つまり、教師の「自己評価」にもつながるのである。

❷　1ではないのに1とみる？ 「教師主体の授業」の自覚

　第1時では、「倍の求め方」と「倍の意味」について扱った。ここは、「『倍』って何だろう」という「本質的な問い」の回答に関わる「倍の意味」を学習する時間である。本時の課題は「5倍の意味をくわしく調べよう」であり、テープ図と数直線を用いて説明する学習を行った。

　第1時では、次のような問題を扱った。

　子どものクジラの体長は3mで、
　親のクジラの体長は15mです。
　親のクジラの体長は、
　子どものクジラの体長の何倍ですか。

　「3mを1とみたとき、15mは5にあたる」というような表現がされていたため、児童に指導する際、この言葉を何度も伝えた。その結果、この時間の学習履歴には「5倍とは3mを1とみた時、15mが5にあたること」や「5mを1

とみること」などと記述している児童がクラスのほとんどであった。このとき私は、「一番大切なこととして、授業で伝えていたことが書けているということは、今日の授業が理解できたのかな」と思っていた。

　しかし、その下の感想や疑問の欄を見てみると、図2のように記述している児童がいた。一番大切なこととして「倍の意味」が記述されているにもかかわらず、疑問として「なぜ5倍とは3mを1とみたり、15mが5にあたる？」と記述されている。しかも1人ではなく、何人かいたのである。

　教師が大切だと思って何度も授業内に伝えたことは、児童も大切なことだと気付くことはできる。それは、児童が自ら大切だと考えたのではなく、教師が考えた大切なことであり、学習者主体ではなく教師主体の授業になっていたことを示していた。

　そこで次時から、次のような授業改善を行った。

①すべての問題にテープ図と数直線を書き、視覚的に理解しやすいようにする。

②学習者同士の伝え合いの時間を多く確保する。

　学習者同士で学び合い、考えを深められるようにするためである。

　これらは、学習履歴欄の「一番大切なこと」と「感想・疑問」の二つがなければ気付くことのできなかったことである。

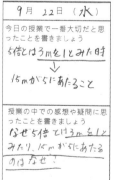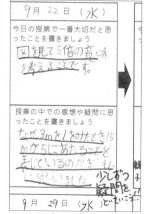

図2　第1時の学習履歴

❸ 答えが減る倍　教師が想定しなかった児童の「見方」

　第3時では「基準量の求め方」と「基準量変換」について扱った。第3時で、倍・比較量・基準量の求め方を学び終えるため、「基準量変換」の見方を授業の最後に伝えた。この時点までに子どもたちは、学習前にもっていた「倍＝×2」だけでなく、色々な数のものがあることが問題を重ねるうちにわかっていた。

　第3時で扱った問題は、次の通りである。

　親のヒョウの体重は、
　子どものヒョウの体重の6倍で、72kgです。
　子どものヒョウの体重は何kgですか。

　この問題の数を用いながら、「基準量変換」の見方に気付かせるため、図3のように、□に当てはまる数字を考えさせた。

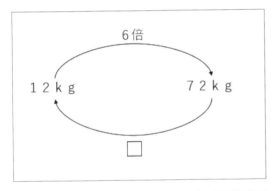

図3 第3時「基準量変換」における問題場面

　しかし、子どもたちの手は全く動かず、□に数字が入れられたのはほんの数人であった。このとき私は、子どもたちがつまずいていると感じ取った。

　これまで、基準量が比較量より小さい数の問題しか取り組んでいなかったため、倍を求める問題で1未満の答えが出ることはないと、児童たちは思っていたようである。

　つまり、子どもたちは○倍すると必ず比較量

は増えるものだと考えていたことがわかった。このことは授業中に児童の様子から見取ることができたため、その場で「何を1とするかによって、○倍の○は1未満になること」「○倍の数によっては比較量が小さくなること」の二つを伝えた。下の図4はその授業後の児童の学習履歴である。

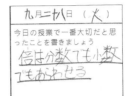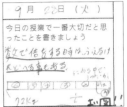

図4 第3時の学習履歴

　その日の授業で教師が一番伝えたかったことは「基準量の求め方」であった。その一方で、多くの児童にとって一番大切だと思ったことは「答えが減る倍もある」ということであった。学習履歴から、児童自身がもっていた「倍」に対する見方に大きな変化をもたらしたことがわかった。OPPシートだけでなく、その日の授業後の休み時間に教師のところまで来て、「今日の授業は驚いた」と伝えに来る児童もいた。それほどに、予想外の考え方に出会うということは衝撃的なのだと感じた。

　OPPシートを使っていなければ、教師に伝えにきた児童の感想しか聞くことはできなかったが、OPPシートによりクラスの多くの驚きを把握することができた。そのため、次時の授業でもう一度「基準量変換」について触れ、さらにあまり記述されていなかった「基準量の求め方」についての振り返りも行った。

❹ 学習前と学習後を比べて

図5～7は、4時間の学習を終えた児童の「本質的な問い」の回答と自己評価である。

図5の児童Dは、学習前に「その物や数を×2すること」と記述しているが、自信がもてずに「よくわからない」とも記述している。学習後には学んだことを生かして記述し、さらに自己評価欄では最初と後の自分の考えを見比べて、何を学ぶことができたのか自覚することができた。

図6の児童Eは、テープ図・線分図や③で述べた「答えが減る倍」など授業内で扱ったことを学習後に端的にまとめることができている。そのため、OPPシートを見返すだけで、この単元で学んだことを振り返ることができる。

図7の児童Fは、自己評価欄で「答えが減る倍」について驚きを示していることがわかる。学習前にはなかった倍の見方を学ぶことができて「よかった」と記述しており、学習への充実感を感じることができている。

他の児童の自己評価欄を見ても、「はじめは倍について知らなかったけれど、倍のことがよく知れてよかった」「たのしかった」「もっと学びたい」など学習に対する意欲的な姿勢を見取ることができた。

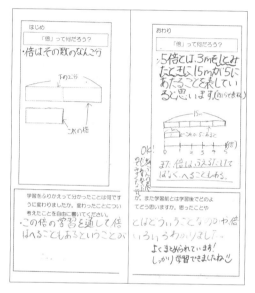

図6　児童Eの本質的な問い（学習前・後）と自己評価

図5　児童Dの「本質的な問い」（学習前・後）と自己評価

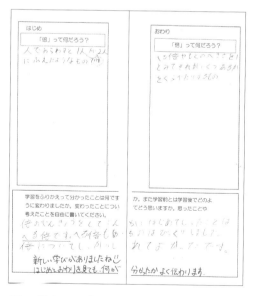

図7　児童Fの「本質的な問い」（学習前・後）と自己評価

5 そこが気になる!? 意外な児童の気付き

　ここでは、OPPシートを使っていた中で、「そこが気になるのか」と驚きを感じた児童の記述を紹介していく。

(1)今回求めるものは？

　まず、図8の児童Gの学習履歴である。

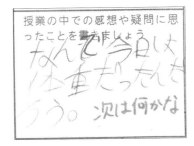

図8　児童Gの第3時の学習履歴

　第1・2時では動物の体長についての問題を扱っていた。しかし、第3時では動物の体重についての問題であった。児童Gはそこに違和感を抱き、疑問に思ったのだと考えられる。教師からすると、当たり前のように教科書に載っている問題を使い、授業を行っていた。だが、そのちょっとした違いにつまずきを感じる場合もあることがわかった。

　この事例から、学習の流れを計画する際には扱う問題の一貫性なども配慮することが大切だと教師自身が学ぶきっかけとなった。

(2)問題文から得た知識

　次に、図9の児童Hの学習履歴である。

　本実践では、多くの児童が「感想・疑問」の欄に授業でがんばったことや難しかったことを記述していた。しかし、この児童Eは、算数の問題文やその答えから自分が新しく得た知識を記述していた。

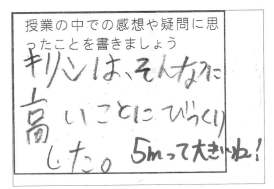

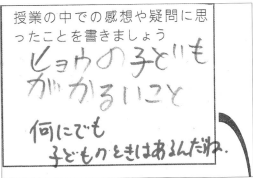

図9　児童Hの第2・3時の学習履歴

　例えば、第2時でキリンの体長を考える問題では「キリンはそんなに高いことにびっくりした」や第3時でヒョウの体重について考える問題では「ヒョウの子どもがかるいこと」と記述している。これは、児童H自身が問題に触れて感じた、ありのままの記述である。

　この事例から、授業の中で子どもたちは様々な場面から学ぼうとしていることがわかった。人それぞれ大切だと思う点は異なるということを教師が自覚しておくことが、今後の授業改善において欠かせない考えになると児童Eの記述から気付かされた。

　二つの事例をあげたが、どちらもOPPシートがなくては気付くことのできなかった児童の考えであった。

9 児童自身が「気付きの質」を高める授業

学びを言語化するOPPシート

1年生でも体育授業での学びを言語化することができるOPPシート。OPPシートに記述された内容を学級全体で共有することで、学級全体の「気付きの質」が高まっていった。

OPPAを通した教師の変容

Before

1年生の実践では、3〜5段階のマークに色を塗ったり、授業の感想を自由に書いたりする振り返りを行っている授業をたくさん見てきた。マークをすべて塗りつぶしている児童。「今日の授業は楽しかった」とその詳細については記述していない児童。1年生でも体育授業での学びを言語化する方法はないのかと悩んでいた。

After

1年生でも体育授業での学びを言語化することができるように、OPPシートを活用した授業を行った。OPPシートには、児童自身が認識した課題や、できるようになったと体感したことが記述されるため、児童一人一人の学びを授業改善に生かしたり、学級全体の「気付きの質」を高めたりすることができるようになった。

OPPシートの構成

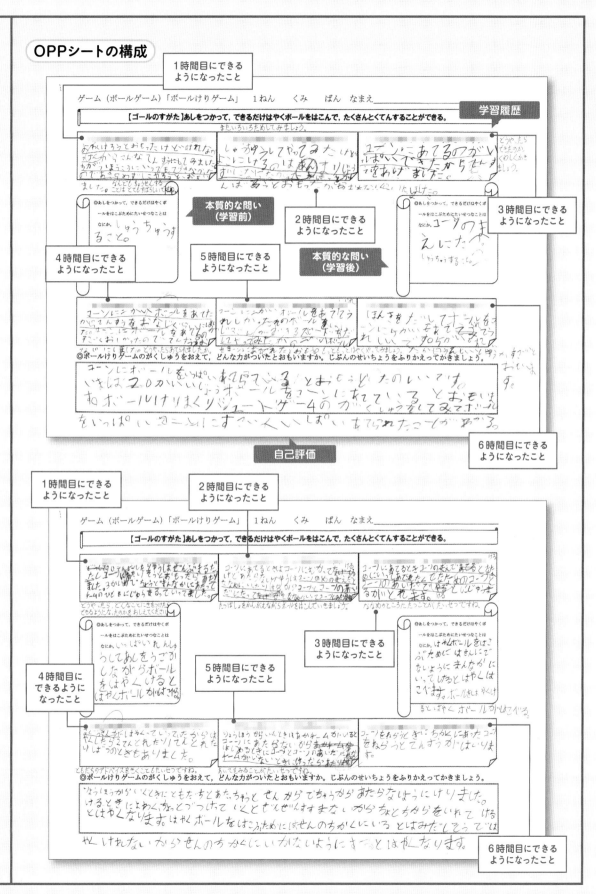

ゲーム（ボールゲーム）ボール蹴りゲーム

指導目標

- 足を使ってボールを運んだり、止めたり、ねらったところに蹴ったりすることができるようにする。
- ボールが転がっているところに素早く移動することができるようにする。
- メインゲームの規則に合ったボールの蹴り方を選ぶことができるようにする。
- 友達のよい動きを見つけたり、考えたりしたことを友達に伝えることができるようにする。
- ボール蹴りゲームに進んで取り組み、規則を守り、誰とでも仲よく運動をしたり、場や用具の安全に気を付けたりすることができるようにする。

学習の流れ　　※はOPPシートから教師が気付いたこと

時数	学習内容
1	● OPPシートの「本質的な問い」に回答する。 ➡ **1**「足を使って、できるだけ速くボールを運ぶために大切なことは何か」 ● メインゲーム①：足を使ってボールを運んで壁に当てる一方通行のゲーム ● メインゲーム②：足を使ってボールを運んでカラーコーンに当てる一方通行のゲーム
2	● 児童が見つけた自分なりのコツ（気付き）を共有する。 ● メインゲーム② ● メインゲーム③：決められたエリアでボールを止めて、そこからボールを蹴ってカラーコーンに当てる一方通行のゲーム ● OPPシートを活用して、本時の振り返りを行う。 ※メインゲームのルールを変更することで、児童自身が課題を認識する。
3・4	● 児童が見つけた自分なりのコツ（気付き）を共有する。 ● メインゲーム③ ● OPPシートを活用して、本時の振り返りを行う。 ※同じルールでメインゲームを行うことで、児童自身ができるようになったことを体感する。
5	● 児童が見つけた自分なりのコツ（気付き）を共有する。 ● メインゲーム③ ● メインゲーム④：メインゲーム③のルールのまま双方向で行うゲーム ● OPPシートを活用して、本時の振り返りを行う。
6	● 児童が見つけた自分なりのコツ（気付き）を共有する。 ● メインゲーム④ ● OPPシートを活用して、本時の振り返りを行う。 ● OPPシートの「本質的な問い」に回答する。➡ **1**

1 「本質的な問い」の設定
「足を使って、できるだけ速くボールを運ぶために大切なことは何か」

本実践では、「本質的な問い」を「足を使って、できるだけ速くボールを運ぶために大切なことは何か」と設定した。

1年生という発達の段階や、初めてOPPシートを使用することを踏まえて、あまり抽象的な内容ではなく、本単元で習得してほしい技能に関する内容に限定して回答させることにした。

実際に児童が記述した内容を図1に示す。

児童Aの学習後の記述は、「本質的な問い」に対する回答ではなく、単元を通してできるようになったことであった。1年生が初めてOPPシートを使用する場合には、どのような内容を記述するのかについて、わかりやすく説明する必要があったと考える。

児童Bと児童Cは、学習前は「準備を最初からする」「わかりません」とそれぞれ記述して

いたが、学習後は「つま先で蹴ると速くなる。足を後ろにして蹴ると遠くに飛ぶ」「コーンとボールを見て運ぶ」と、ボールの蹴り方や体の動かし方について記述していた。

1年生には難しいという意見もあるだろうが、他の児童も含めて、単元を通して見つけた気付きを振り返りながら記述していた。

1年生であっても、OPPシートを使用することで単元全体を振り返りながら、児童一人一人に学びを言語化させることができることを実感している。

なお、本実践では、授業を通してできるようになったことに着目しやすくするという意図で、学習履歴のタイトルを「○じかんめにできるようになったこと」と設定した。

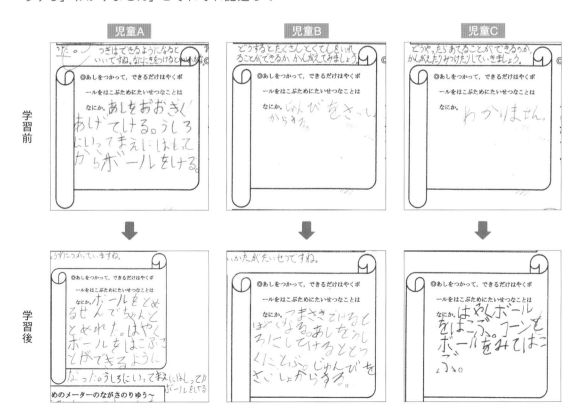

図1 左から児童A、児童B、児童Cの学習前・後の「本質的な問い」に対する回答

❷「気付きの質」を高める工夫

小学校学習指導要領（平成29年告示）解説生活編に、「表現する活動は、気付いたことを基に考え、新たな気付きを生み出し、気付きの質を高める深い学びにもつながる」こと、気付きの質を高める深い学びの姿として「気付きを自覚したり、関連付けたり、視点を変えて捉えたりする」ことが示されている。

図2は、授業中の児童の発言やOPPシートの記述内容を毎時間、ウェビングマップとして追記しながら体育館の壁面にコツとして掲示したもの（単元終了時）である。

図2から、例えば「確実にできるだけ速くボ

ールを運ぶこととボールを蹴る強さ」を関連付けたり、「ボールを止める際に、ボールの前に動く」と視点を変えて捉えたりしている内容を見取ることができる。

OPPシートを使用することで、児童一人一人の気付きを自覚させることはもちろん、ウェビングマップと組み合わせることによって、気付きを関連付けたり、視点を変えて捉えたりするなど、児童一人一人の「気付きの質」を高めることができるようになった。児童一人一人が体育授業で学んだことを言語化させることの大切さを実感した。

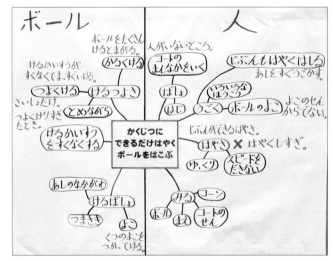

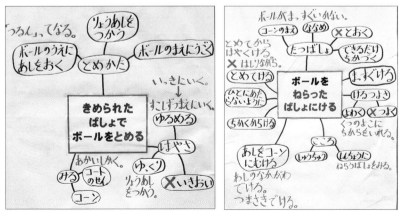

図2 体育館の壁面にコツとして提示したOPPシートの記述内容（単元終了時）

3 難しかったことやわからなかったことも記述した児童A

児童Aは、1時間目では「自分ができる速さで蹴ったら、途中で赤い線の外に出ることが多かった」という「ボールを運ぶ場面」と「走りながら蹴るとコーンに当たらなかった」という「ねらって蹴る場面」での課題に関する内容を記述していた。

2時間目では「止めてから蹴るのが難しかった。赤い線から出ないで蹴るのが難しかった」という「ボールを止める場面」での課題に関する内容を記述していた。

3時間目では「両足の横でボールを蹴りながら、コーンに向かって蹴ったらコーンに当たった」、4時間目では「できるだけ速く行くと二重丸を何個か取れた（ボールがカラーコーンに当たった）。ボールを見ながら蹴ったらコーンに当たった」、6時間目では「コーンを見ないでボールを見ながら運ぶ。足をすぐ動かすと早く行けた」という「ボールを運ぶ場面」と「ねらって蹴る場面」に関する内容を記述していた。

一方通行のゲームから双方向のゲームにルールを変更した5時間目では、課題に関する具体的な記述はなかった。

児童Aは、1・2・5時間目でそれぞれのゲームの難易度に合わせて課題を認識していたものの、授業が進むにつれて、できるだけ早くボールを運んだり、カラーコーンにボールを確実に当てたりするために、ボールの蹴り方を工夫することの重要性について記述しながら、「気付きの質」を高めていった。

子どもたちには、OPPシートの記述内容を、成績を付けるための評価には用いないということを伝えている。そのため、できるようになったことだけでなく、難しかったことやわからなかったことも正直に記述される。これを踏まえて、学級全体で取り上げるべき課題は何か、どのような手立てを講じたらよいかなど、授業改善の視点を、児童一人一人の気付きの中から見いだすことができた。

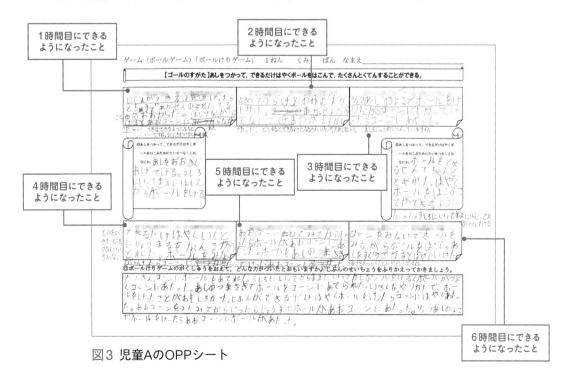

図3 児童AのOPPシート

❹「小さな成長」を記述した児童B

児童Bは、1時間目では「最初は7点取れたけど、最後は2点しか取れなかったから、次はたくさん得点を入れたい」と「ねらって蹴る場面」での課題に関する内容を記述していた。

2時間目では「昨日よりはコーンに当てられたから。止めながら行ったら、たくさん得点を取れた」と「ボールを運ぶ場面」と「ねらって蹴る場面」に関する内容を記述していた。

児童Bは、1時間目で「次はたくさん得点を入れたい」という思いを抱き、2時間目で「昨日よりはコーンに当てられた」と理由を記述していた。また、「止めながら行った」とスピードを調整したことを記述していた。1年生であっても、たくさんの気付きを記述することができるようになった。

3時間目では「コーンに足を向けて蹴ると当たった。強く蹴ったらうまくいった。止める前に置く場所を決めるとうまくいく」、4時間目では「コーンを見て蹴ったらうまくいった。一気に蹴ったらうまくいった。コーンに合わせておくと蹴りやすい」、5時間目では「スピードを速くしたらうまくいった。足のつま先でボールを蹴るとうまくいった」、6時間目では「早く足を向けて蹴った。最初から置く場所を決めた。強く蹴りすぎたら前で止める」という「ボールを止める場面」と「ねらって蹴る場面」に関する内容を記述していた。

児童Bは、メインゲームの難易度が少しずつ上がっていった中でも、うまくいったことやできたと実感したことについて記述しながら、「気付きの質」を高めていった。

1年生は、できるようになったことへの喜びを素直に表現する児童が多い。教師が授業中に見逃したり瞬時に判断できなかったりする「小さな成長」や「子どもたちの喜び」を、一人一人の気付きの中から教わることがある。

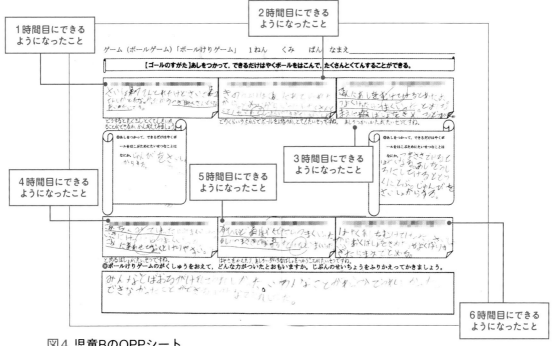

図4 児童BのOPPシート

5 「できた・わかった」を実感できなかった児童C

児童Cは、1時間目では「コーンに当てるのがちょっとしかできなかった」というように、「ねらって蹴る場面」での課題に関する内容を記述していた。

2時間目では「ボールをコーンに当てるのがいっぱいできた」、3時間目では「コーンの前に立ったら、急にできるようになった」、4時間目では「ボールを早くして線のところまで来たら、普通のスピードにしたらコーンに当てられるようになった」というように、1時間目の課題の解決に関する内容を記述していた。

児童Cは、「コーンに当てるのがちょっとしかできなかった」という課題に対して、「コーンの前に立ったら、急にできるようになった」「線のところまで来たら、普通のスピードにした」とボールを止める場所の大切さに気付いたことやスピードを調整したことを記述していた。

一方で、5時間目では「やさしく蹴りすぎて、

コーンに当てるのが難しかったし、力を弱くして斜めからコーンに当てられると思ったら当たらなかった」、6時間目では「力を最初は入れられたのに、20回目のゲームになったら力を入れられなかった」と記述していた。

児童Cは、ボールを蹴る力を調整しながらボールを蹴ったものの、特に5・6時間目ではなかなか得点することができなくなったことを課題として認識したり、単元を通して、ボールを運ぶ場所やボールの蹴り方などを試したりしたことについて記述しながら、「気付きの質」を高めていった。

児童Cだけでなく、授業が終わった後に「できた・わかった」ということを実感させてあげられない児童がいる。児童一人一人の困り感を真摯に受け止めながら授業改善を行い、運動の楽しさや喜びを実感させるために、授業力を高めることの重要性を感じた。

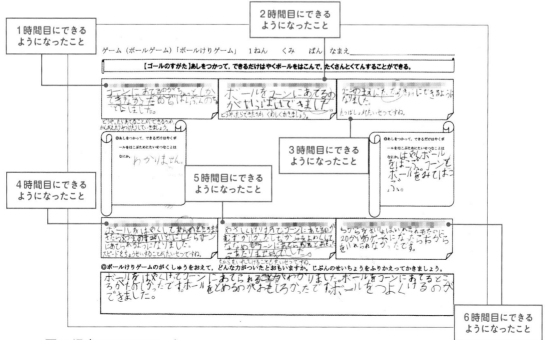

図5 児童CのOPPシート

10 生きるとはどういうことか

単元を超えて、児童に、自分に問い続ける

単元ごとに設定する「本質的な問い」。複数の単元で同じ「本質的な問い」を設定し続けることによって、深い学びを促すことができるのではないか。この試みによって、見えてきた児童の姿とは。

OPPAを通した教師の変容

Before

教材研究をして、単元ごとに「本質的な問い」を設定する日々。単元全体を通して児童に一番問いたい「本質的な問い」を考えることで、その単元の授業を貫く軸ができ、教材研究が深まる。しかし、単元と単元のつながりについては考えたことがなかった。

After

単元を超えて同じ「本質的な問い」を設定することで、単元と単元のつながりを教師が考え、児童も意識することができた。教師は、児童の思考の深まりを継続的に見取ることができた。また、複数の単元に共通して使える「本質的な問い」を考えることは、児童の深い学びを促すための、教師の力量形成の役割も果たした。

OPPシートの構成

「人の体のつくりと働き」

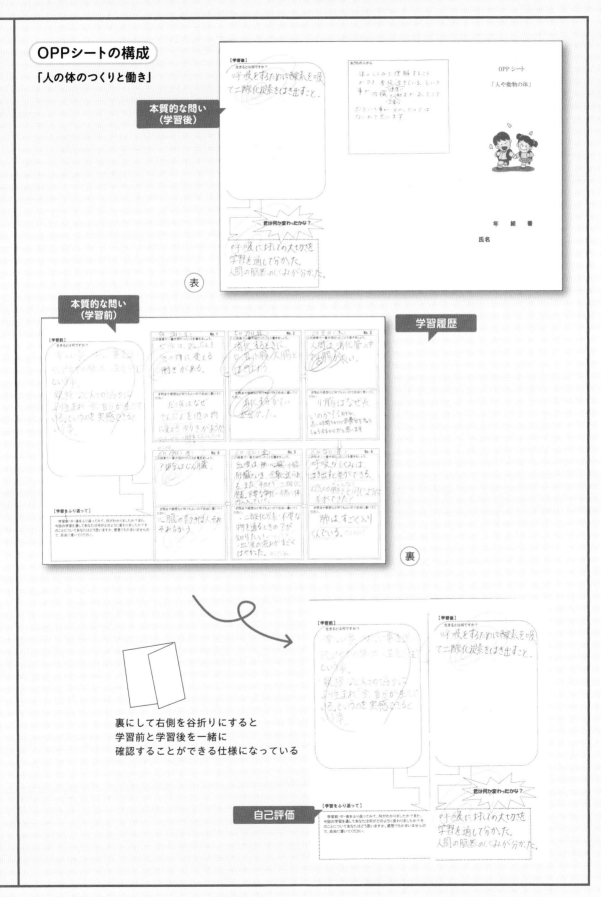

本質的な問い（学習後）

本質的な問い（学習前）

学習履歴

裏にして右側を谷折りにすると
学習前と学習後を一緒に
確認することができる仕様になっている

自己評価

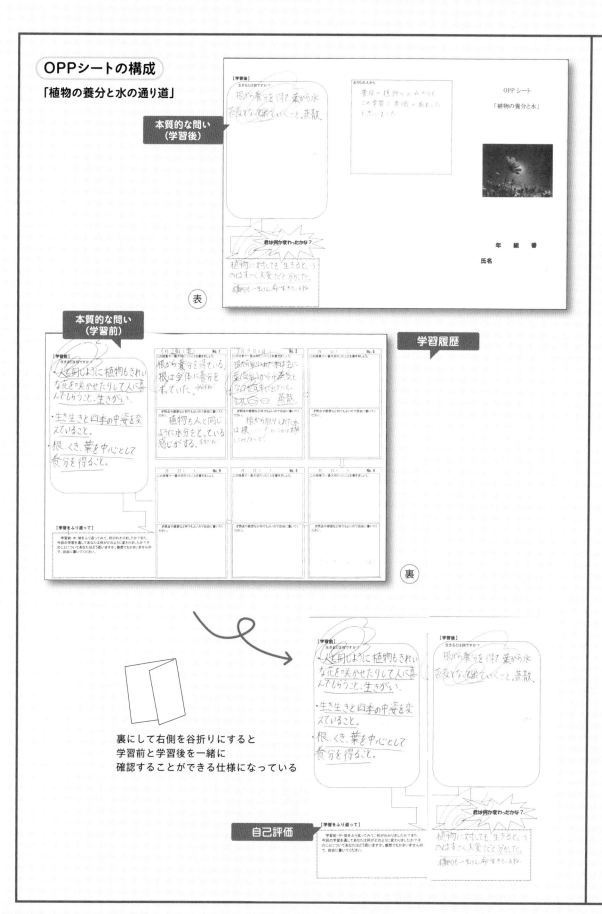

OPPシートの構成

「植物の養分と水の通り道」

本質的な問い（学習後）

本質的な問い（学習前）

学習履歴

表

裏

裏にして右側を谷折りにすると
学習前と学習後を一緒に
確認することができる仕様になっている

自己評価

OPPシートの構成

「生物と環境」

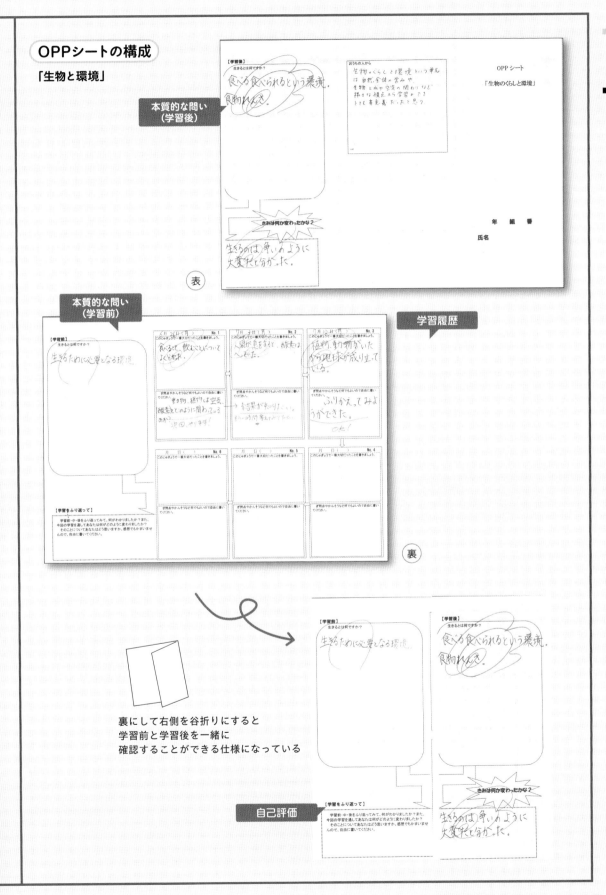

本質的な問い（学習後）

本質的な問い（学習前）

学習履歴

裏にして右側を谷折りにすると
学習前と学習後を一緒に
確認することができる仕様になっている

自己評価

「人の体のつくりと働き」「植物の養分と水の通り道」「生物と環境」

指導目標

- 生物の体のつくりと働き、生物と環境との関わりについての理解を図り、観察、実験などに関する基本的な技能を身に付けるようにする。
- 生物の体のつくりと働き、生物と環境との関わりについて追究する中で、主にそれらの働きや関わり、変化及び関係について、より妥当な考えをつくり出す力を養う。
- 生物の体のつくりと働き、生物と環境との関わりについて追究する中で、生命を尊重する態度や主体的に問題解決しようとする態度を養う。

学習の流れ　※はOPPシートから教師が気付いたこと

「人の体のつくりと働き」

時数	学習内容
1	● でんぷんは、だ液によって変化するか調べる ➡ **1** 生きるとは、「・生まれてきたということ。・うれしい、楽しい、悲しい、さみしいなど一つ一つ感情があること。・家に帰れて家族に会えるということ。・学校に来れて友だちに会えるということ」（児童A） ※児童の率直な考え
2	● 消化と吸収の仕組みを理解する。 ➡ **1**「臓器は何をスイッチに動いているのか」（児童A） ※児童の疑問
3	● 体内の消化器官を理解する。
4	● 呼吸の仕組みを理解する。 ➡ **1**「(肺が) 枝分かれしていてすごかった」（児童A） ※児童の気付き
5	● 血液の働きを理解する。
6	● 「人の体のつくりと働き」についての学習を振り返る。 ➡ **1**「血液はどこをどのように流れているかがわかった。心臓の心拍数はみんなそれぞれちがうことがわかった 「『生きるということはこういうことなんだな』とわかった」（児童A） ※児童が学んだ内容や手応え 「生きるとは…①生まれてきたこと。②一つ一つ感情があること。③心臓が休まずにずーと動いていること」（児童A） ※児童の変容 「体のことがよくわかった。体のことをもっと知りたいと思った」（児童A） ※学びの手応え、学びに向かう力 ➡ **4**「呼吸をするために酸素を吸って、二酸化炭素をはき出すこと」（児童I） ※「呼吸」についての理解 「呼吸に対しての大切さを学習を通して分かった。人間の臓器のしくみが分かった」（児童I） ※児童が学んだ内容や手応え

114

「植物の養分と水の通り道」

時数	学習内容
1	● 葉に日光が当たると、でんぷんができるか調べよう ➡ **2**「心臓が動いていること」(児童A) ※前単元と関連した児童の率直な考え ➡ **2**「植物に心臓はあるのか」(児童B) ※前単元と関連した児童の疑問 ➡ **4**「人と同じように植物もきれいな花を咲かせたりして人に喜んでもらうこと。生きがい」 　　(児童I) ※前単元と関連した児童の素朴概念
2	● 植物が水分をどのように吸収し、体全体にいきわたらせているのか、調べよう。
3	● 葉まで運ばれた水は、その後どうなるのか調べよう。
4	●「植物の養分と水の通り道」についての学習を振り返る。 ➡ **2**「水を飲む→細い管を通って体全体にいきわたらせている→ちゃんと出す」(児童C) ※「水の循環」に関する気付き 　　「植物も人間も、ほぼ同じことをしているのがすごいなと思った（特に、水を飲む→ 　　出す）」(児童C) ※植物と人間との関連 　　「植物も、人間と同じで、水を蒸発させたりしていること」(児童D) ※植物と人間との関連 　　「植物も人間と同じように体中に細い管がたくさんあった。根から水を取り入れて 　　気孔から蒸発していた」(児童E) ※植物と人間との関連

「生物と環境」

時数	学習内容
1	● 食物・水を通した生物どうしの関わりについて理解する。 ➡ **3**「人間は呼吸をするのに、植物は呼吸をしないのか」(児童F) ※植物と人間との関連
2	● 生物と空気との関わりについて理解する。
3	●「生物と環境」についての学習を振り返る。 ➡ **3**「植物や動物は食べる、食べられるを繰り返していることが分かった。植物が酸素を 　　作り出しているから感謝したいと思った」(児童E) ※植物についての考え方の変化や感謝 　　「植物を大切にしようと思った」(児童G) ※自然愛護 　　「全ての生き物が自分たちの役割をしっかりもって、それぞれを生かし合っていると 　　いうこと」(児童H) ※生物界全体への考え方の変化 　　「全ての生き物で自分たちが生かされているという考え方に変わった」(児童H) ※児童の変容 ➡ **4**「食べる食べられるという環境。食物れんさ」(児童I) ※児童が学んだ内容 　　「生きるのは争いのように大変だと分かった」(児童I) ※自分自身の考え

1 「生きるということはこういうことなんだなとわかった」(児童A)
「人の体のつくりと働き」の学習

「人の体のつくりと働き」は、人や他の動物の呼吸・消化・血液の循環等の働きについて、臓器と関連させながら学ぶ単元である。

自分の体の中の仕組みを学習するため、学習への関心が高い児童がいる。一方で、自分の呼気やだ液等を使って実験をしたり、実際の臓器等の様子をイラストや映像等で見たりするため、嫌悪感や苦手意識をもつ児童もいる。また、臓器の名称などの知識の習得が重視され、指導目標に示されているような「生命を尊重する態度」や「主体的に問題解決しようとする態度」を養うことが難しい面もある。

このような「人の体のつくりと働き」の学習において、「本質的な問い」を「生きるとは何ですか?」に設定したOPPシートを使って授業を行った。

児童Aは、学習前の「本質的な問い」への回答として、「・生まれてきたということ。・うれしい、楽しい、悲しい、さみしいなど一つ一つ感情があること。・家に帰れて家族に会えるということ。・学校に来れて友だちに会えるということ」といったように、生きるということについて、自分の率直な考えを記述した(図1)。

学習を進める中で、「臓器は何をスイッチに動いているのか」といった疑問(図2)や、「(肺が)枝分かれしていてすごかった」といった驚きを記述した(図3)。また、最後の授業では、「血液はどこをどのように流れているかがわかった。心臓の心拍数はみんなそれぞれちがうことがわかった」「『生きるということはこういうことなんだな』

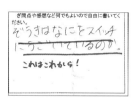

図2 児童Aの第2時の学習履歴

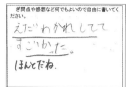

図3 児童Aの第4時の学習履歴

とわかった」と、学んだ内容や手応えを記述した(図4)。

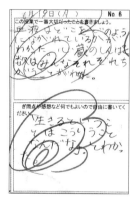

図4 児童Aの第6時の学習履歴

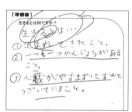

図5 児童Aの学習後の「本質的な問い」への回答

学習後の「本質的な問い」への回答では、「生きるとは…①生まれてきたこと。②一つ一つ感情があること。③心臓が休まずにずーと動いていること」(図5)、学習全体の振り返りとして「体のことがよくわかった。体のことをもっと知りたいと思った」と記述しており、学びの手応えや学習意欲の向上がうかがえた(図6)。

図1 児童Aの学習前の「本質的な問い」への回答

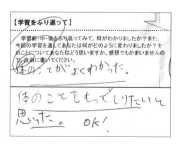

図6 児童Aの学習全体の振り返り

❷ 「植物も人間と同じように体中に細い管がたくさんあった」(児童E)
「植物の養分と水の通り道」の学習

「植物の養分と水の通り道」は、植物の葉で養分が作られる仕組みや、植物の中の水の通り道について学ぶ単元である。

「植物の養分と水の通り道」について学習する単元ではあるが、OPPシートの「本質的な問い」を、一つ前に学習した「人の体のつくりと働き」と同じ「生きるとは何ですか?」に設定したことで、「植物の養分と水の通り道」の学習と、「人の体のつくりや働き」の学習を関連させる思考が働いたことがうかがえた。

はじめに、「心臓」に関する記述である。学習前の「本質的な問い(生きるとは何ですか?)」への回答として、「心臓が動いていること」という記述(図7)や、最初の授業後の「植物に心臓はあるのか」という疑問の記述が見られた(図8)。

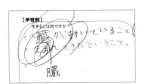

図7 児童Aの学習前の
「本質的な問い」
への回答

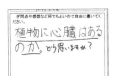

図8 児童Bの
第1時の
学習履歴

次に、「水の循環」に関する記述である。学習後の「本質的な問い(生きるとは何ですか?)」に対する「水を飲む→細い管を通って体全体にいきわたらせている→ちゃんと出す」(図9)という記述や、学習全体の振り返りとして「植

図9 児童Cの学習後の
「本質的な問い」への回答

物も人間も、ほぼ同じことをしているのがすごいなと思った(特に、水を飲む→出す)」(図10)という記述である。

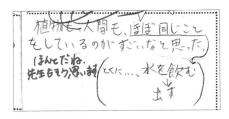

図10 児童Cの学習全体の振り返り

この他にも、「植物も、人間と同じで、水を蒸発させたりしていること」(図11)、「植物も人間と同じように体中に細い管がたくさんあった。根から水を取り入れて気孔から蒸発していた」(図12)という記述もあった。

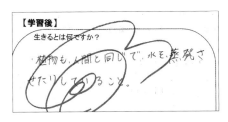

図11 児童Dの学習後の
「本質的な問い」への回答

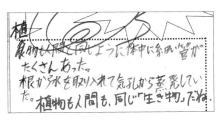

図12 児童Eの学習全体の振り返り

このように、二つの単元で同じ「本質的な問い」を設定したことで、児童は植物について学習していても、人や動物と関連させた思考を働かせることになったと考えられる。

「生物と環境」は、生物と水、空気、食べ物との関わりについて学ぶ単元である。児童は、「植物の養分と水の通り道」「人や動物の体のつくりや働き」の学習と結び付け、水、空気、食べ物を通した生物どうしの関わりについて学ぶことが望ましいが、それだけ広い視野をもって自分の考えを深めることは簡単なことではない。

本実践では、三つの単元を通して、OPPシートの「本質的な問い」を「生きるとは何ですか?」に設定したところ、児童は「生きるとはどういうことか」という思考を軸に、三つの単元を結び付けて学習した様子がうかがえた。

例えば、図13の児童は、食物連鎖について学んだ第1時の授業後に「人間は呼吸をするのに、植物は呼吸をしないのか」と疑問を書いている。第1時の授業内容で「呼吸」は扱っていないので、この児童が第1時の主な学習内容である「食物連鎖」から「呼吸」へと、自分で思考を広げた様子がうかがえる。

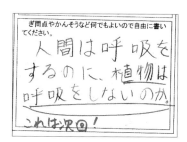

図13 児童Fの第1時の学習履歴

この他に、植物についての考え方の変化や感謝に関する記述も見られた。例えば「植物や動物は食べる、食べられるを繰り返していることがわかった。植物が酸素を作り出しているから感謝したいと思った」(図14)、「植物を大切にしようと思った」(図15)といった記述である。

さらに、生物界全体への考え方の変化に関する記述も見られた。例えば「全ての生き物が自

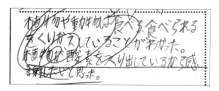

図14 児童Eの学習全体の振り返り

図15 児童Gの学習全体の振り返り

分たちの役割をしっかりもって、それぞれを生かし合っているということ」(図16)、「全ての生き物で自分たちが生かされているという考え方に変わった」(図17)といった記述である。

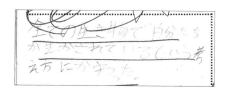

図16 児童Hの学習後の
「本質的な問い」への回答

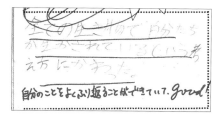

図17 児童Hの学習全体の振り返り

このような児童の思考は、「生きるとは何ですか?」という「本質的な問い」に対して、児童が答え続けたことで生まれたものであると考えられる。

4 「生きるのは、争いのように大変だと分かった」（児童I）三つの単元を通した児童の思考の変容

最後に、一人の児童に注目し、三つの単元の学習を通して、児童の思考にどのような変容が見られたのか、追いかけてみたい。

児童Iは「人の体のつくりと働き」の学習後に、「生きるとは何ですか？」という「本質的な問い」に対して「呼吸をするために酸素を吸って二酸化炭素をはき出すこと」（図18）と記述した。そして、学習全体を振り返って「呼吸に対しての大切さを学習を通して分かった。人間の臓器のしくみが分かった」（図19）と記述した。生きることについて、児童Iは特に呼吸への理解を深めたようである。

【学習後】
生きるとは何ですか？
呼吸をするために酸素を吸て二酸化炭素をはき出すこと。

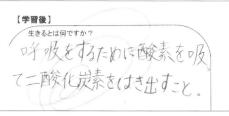

図18 児童Iの「人の体のつくりと働き」学習後の「本質的な問い」への回答

呼吸に対しての大切さを学習を通して分かった。
人間の臓器のしくみが分かった。

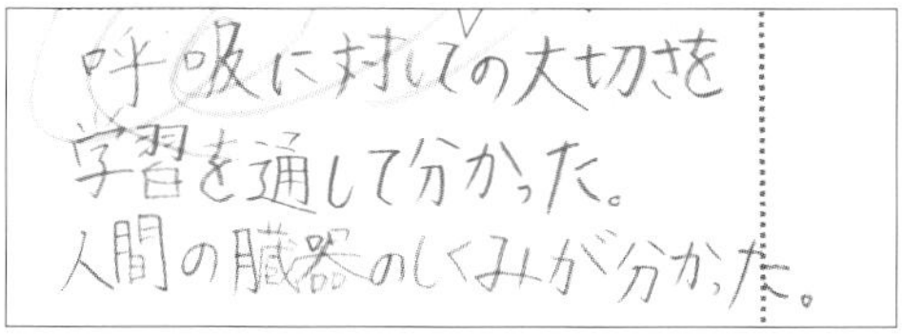

図19 児童Iの「人の体のつくりと働き」学習全体の振り返り

次に、「植物の養分と水の通り道」の学習前に、「生きるとは何ですか？」という「本質的な問い」に対して、「人と同じように植物もきれいな花を咲かせたりして人に喜んでもらうこと。生きがい」と記述した（図20）。「人と同じように」という表現から、一つ前の単元「人の体のつくりと働き」の学習内容に連続させて、本単元の学習を始めた様子がうかがえる。学習前の記述

【学習前】
生きるとは何ですか？
人と同じように植物もきれいな花を咲かせたりして人に喜んでもらうこと。生きがい。

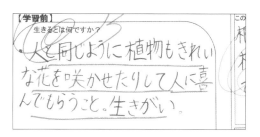

図20 児童Iの「植物の養分と水の通り道」学習前の「本質的な問い」への回答

であるため、科学的ではない素朴概念が見られるものの、児童Iが一つ前の単元を意識しながら本単元に取り組もうとしたことは、共通の「本質的な問い」を設定した効果だと考えられる。

そして、「生物と環境」の学習後には「生きるとは何ですか？」という「本質的な問い」に対して、「食べる食べられるという環境。食物れんさ」（図21）という授業での学習内容を書くとともに、学習全体を振り返り、「生きるのは、争いのように大変だと分かった」（図22）と記述しており、生きることについて自分自身の考えを深められたようである。

【学習後】
生きるとは何ですか？
食べる食べられるという環境。食物れんさ。

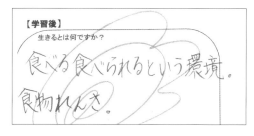

図21 児童Iの「生物と環境」学習後の「本質的な問い」への回答

生きるのは争いのように大変だと分かった。

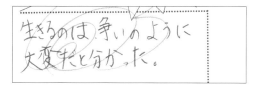

図22 児童Iの「生物と環境」学習全体の振り返り

11 学級目標と向き合う児童の姿

OPPシートは学級経営の強い味方

学級目標をつくっただけで終わっていた2年間。今年こそは学級目標を軸に児童と共に学級をつくり上げたい。そんな願いを叶えるための強力な味方がOPPシートだった。

OPPAを通した教師の変容

Before

これまでは学級目標をつくり、模造紙に書いて教室に掲示するだけで、そのまま「飾り」となっていることが多かった。「どうにか活用したい」と思ってはいたが、方法が思いつかなかった。次第に、学級目標を考えることが億劫になっている自分がいた。

After

OPPシートを使わなかったらどれだけの児童の成長を見逃していたかわからない。たった6週間で、児童が学級目標と向き合い、成長していく姿を感じ取ることができた。学級目標の大切さや児童の成長を感得できるOPPシートは今後の学級経営には欠かせないものとなった。

OPPシートの構成

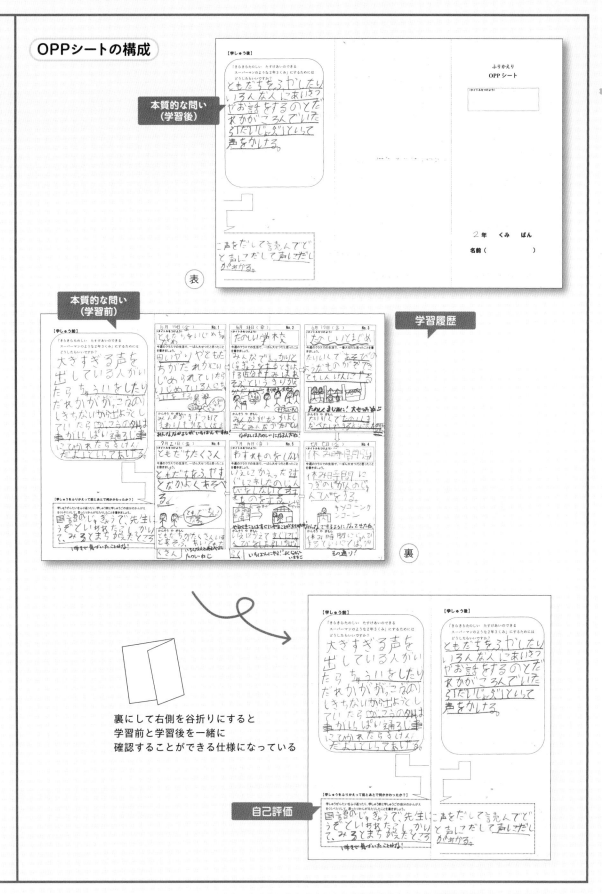

本質的な問い
（学習後）

本質的な問い
（学習前）

学習履歴

裏にして右側を谷折りにすると
学習前と学習後を一緒に
確認することができる仕様になっている

自己評価

① 学級目標の設定とOPPシートの活用方法

⑴ 学級目標の設定について

OPPシートを活用する前に、まず学級目標を作成した（図1）。詳細・手順は以下の通りである。

作成時期：5月から1か月間かけて作成

手順：①クラスの実態に関するアンケートをとる。
②アンケートの結果を共有する。
③結果からどのようなクラスにしたいか、キーワードを学級会で話し合う。
④③をもとに、班ごとに学級目標を決める。
⑤④で話し合ったことをもとに、学級会で学級目標の決定をする。

学級目標：きらきらたのしい　たすけあいのできる　スーパーマンのような2年3くみ

学級目標決定後、意識しながら生活をするために、掲示物を作成した。児童は「一人一文字の作成」「虹の色塗り」を行った。

そして、学級目標のようなクラスになるための「めあて」を立てて、学級全員が達成できたら、次の「めあて」に進むという形で1学期を過ごした。

（めあての例）わすれものをしない

⑵ OPPシートの活用方法

OPPシートの活用方法は以下の通りである。

活用時期：2023年6月16日（金）～
2023年7月21日（金）
毎週金曜日の5時間目の15分間

「本質的な問い」：「きらきらたのしい　たすけあいのできる　スーパーマンのような2年3くみ」にするにはどうしたらいいですか？

学習履歴欄：今週のクラスの生活で、一番大せつだと思ったことを書きましょう。

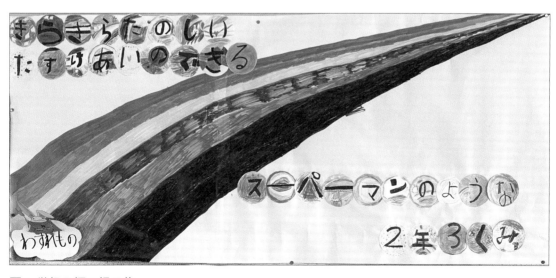

図1　学級目標の掲示物

❷ 教師の言葉がもつ影響力

本実践では、「本質的な問い」を「『きらきらたのしい　たすけあいのできる　スーパーマンのような2年3くみ』にするにはどうしたらいいですか?」と設定した。子どもたちが考えた学級目標のようなクラスにするために、何をしていけばよいのか、常に意識してもらうためである。

図2の児童Aの記述を見てみると、学習前は「安全」と「笑顔」に関する内容であったが、学習後は「あいさつ」「思いやり」「係・当番」「笑顔」という内容に変容したことがわかる。

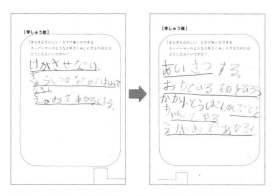

図2 児童Aの学習前・後の「本質的な問い」
　　 に対する回答

次に、図3の児童Bの記述を見てみる。学習前は「自分にされていやなことをともだちにし

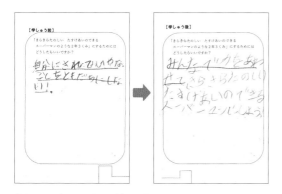

図3 児童Bの学習前・後の
　　 「本質的な問い」に対する回答

ない」というマイナス思考で書かれた記述であったが、学習後は「みんなで力を合わせて」というプラス思考で書かれた記述に変容している。

図4の児童Cの記述も見てみたい。学習前は「みんなでこころを一つに」「たのしく」「こまっている人がいたらたすけあう」という記述であったが、学習後は、「スーパーマンは」という主語をもとに、様々な考えを記述している。これは、学級目標を意識して日々生活をしていたからこそ生まれた変容である。

図4 児童Cの学習前・後の「本質的な問い」
　　 に対する回答

このように、様々な児童の「本質的な問い」を見ていくことで、わかったことがある。それは、私が学級全体に伝えたことに、児童は強い影響を受けているということである。

学習前の児童Aの「けがさせない」という記述は、廊下でおにごっこをしてけがをした児童がいたため、安全について指導したことに影響されたと思われる。児童Bの「自分にされていやなことをしない」も児童Cの「心を一つに」も私が子どもたちに伝えていたことであった。学習後の「あいさつ」「おちているものをひろう」などもそうである。

教師の言葉一つ一つが児童に響いているということを、OPPシートによって気付かされた。

今まで以上に、自身が伝えたいことを明確にしてから、児童に伝えていこうと身が引き締まる思いがした。教師の考えが児童に伝わり、それを教師に伝えてくれることで、さらに教師の考えが磨かれていくのだと感じた。

しかし、ただ教師の言ったことを書いているわけではないことも見取ることができた。児童Cは自己評価欄（図5）に「さいしょはちょっとしかわからなかったけれど、だんだんよくわかってきて、さいごにはいっぱいわかるようになって」いき「かんがえかたがかわった」と自身の変容を捉えている記述をしていた。ここではメタ認知が働いていると読み取れる。もし、私が伝えたことをそのまま書いているだけであったら、自分が変わったと自覚することはできないだろう。6週間OPPシートを活用して、学級目標や教師の言葉と向き合い続けたからこそ自覚できた変容であると考えられる。

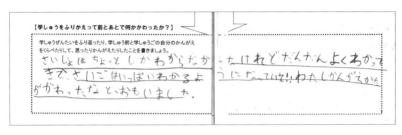

図5 児童Cの自己評価

3 低学年ならではの方法

本実践では、2年生でOPPシートを使用した。OPPシートは1年生でも活用可能であると聞いていたので不安はなかったが、最初の説明の際には、「文字だけではなく絵もたくさん書いていいよ」など、自分の考えをより気軽に書けるように声かけをした。

すると、多くの児童が学習履歴欄の記述に絵を添えた。さらに吹き出しも加えて、「このような声かけをするとよい」というように、考えをより具体化した記述をしている児童もいた。

例えば、児童Dは文字では「やさしく思いやりがだいじ」と記述し、絵で消しゴムを忘れてしまった友達に「かすよ」と声かけをしている様子が描かれている。このことから、児童Dにとっての思いやりとは、困っている友達に手を差し伸べてあげることだということがわかる。

児童Eは文字では「思いやりをもちながら生活する」と書いてあり、一見、児童Dと同じように感じるが、絵を見ると「だいじょうぶ」と泣いている友達に声をかけている様子が描かれている。同じ「思いやり」でもかける言葉が多少異なることがわかる。

つまり、絵を使うことで児童の考えをより明確に見取ることができるのである。

図6 児童D、児童Eの学習履歴欄に
　　対する記述

4 本音で向き合う交換日記

本実践では、学習履歴欄にある「かんそう・ぎもん」を児童と教師の交換日記のように活用した。書き方を説明する際に、児童に次のように伝えた。

「感想・疑問は何か楽しみなこと、楽しかったこと、不安なこと、相談したいこと、など自由に書いていいです。先生にみんなのことをたくさん教えてください」

このように伝えたことで、子どもたちはこの欄にどんなことでも記述していた。

⑴「学校がたのしい」

児童Fは普段、自分の考えを表に出すタイプではないが、感想・疑問欄に「学校がたのしい」と記述している（図7）。これを見たとき、私は「OPPシートを使ってよかった」と心から思った。それは、聞きたかった児童の声をやっと聞くことができたからである。

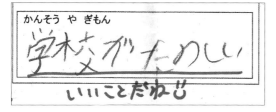

図7 児童Fの感想・疑問欄の記述

⑵「やる気が出ない」

他にも、次のような児童がいた。児童Gは「きょうはなんか、やる気が出ない」と記述している（図8）。気になったので話を聞いてみると、習い事に行く気になれないと話していた。自分にとっていいことだけでなく、調子がよくないというSOSもこの感想・疑問欄で伝えることができ、教師がそれに対して声かけをすることもできる。OPPシートがなかったら、知らないまま日々を過ごしていただろう。

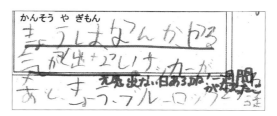

図8 児童Gの感想・疑問欄の記述

⑶「おともだちのいえでべんきょう」

児童Hは「きょうは、おともだちのいえでべんきょうするひ　たのしみ」と記述している（図9）。子どもたちは休み時間などによく、昨日何をしたのか、今日何があるのか伝えに来てくれるが、学級全員とやりとりをすることは難しい。そこで、この感想・疑問欄が大いに役立つ。放課後楽しみなことなどが記述されていると、教師は家庭での様子や、友達との過ごし方などをうかがい知ることができる。

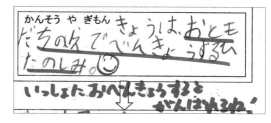

図9 児童Hの感想・疑問欄の記述

このように児童と交換日記のようなやりとりをすることで気付いたことがある。それは、教師が想像していたよりも、児童がOPPシートを自分の使いやすいように活用できていたことである。OPPシートをうまく使って、教師に伝えたいことを伝えているという姿が見られた。それに対し、教師がコメントを返すことでお互いの信頼関係を構築することもできる。OPPシートを活用したことで、児童と本音で向き合うすばらしい時間をつくることができたのである。

11 学級目標と向き合う児童の姿　125

5 児童を「信じる」ことの大切さ

(1)「たいせつなゆうき」

　これは、児童Iのある日の学習履歴欄のタイトルである。この日、児童Iは泣きながら教師のところに相談をしに来た。「運動をしているときに、友達（児童Jとする）に押されて転んだ」という内容であった。私は「どうして押したか聞いてみた？」と尋ねると「聞いていない」と答えたため、児童Jも呼び、話し合いを行った。児童Jに話を聞いてみると「ボールがとりたくて近くにいた人を押してしまったかもしれない」と答え、「押してごめんね」と児童Iに伝えていた。

　その後、児童Iに「これから、自分の力で『どうして押したの？』とか聞けるようになると、悲しい思いをする時間が減らせるかもね」と伝えたが、児童Iは泣いたまま返事をすることができなかった。私自身「伝わったかな」と不安な思いのまま、その日を過ごしていた。

　その日のOPPシートを見てみると、児童Iは図10のように記述していた。教師には返事ができなかったが、児童Iはその日の出来事に対して、勇気を出すことが一番大切だと考え、OPPシートに「たいせつなゆうき」と記述し

たのである。

図10 児童Iの学習履歴

　この記述を見たとき、「OPPシートを使ってよかった」と思った。OPPシートを使っていなかったら気付くことのできなかった児童Iの心の内を知ることができたのである。児童の心の変容を実感した出来事であった。

(2)「あいての気もちをかんがえる」 「たすけあい」

　これは児童Kの2週間の学習履歴欄のタイトルである。図11の左側の学習履歴を記述した日、

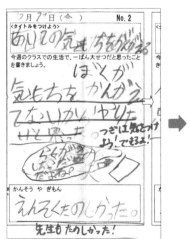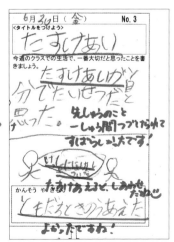

図11 児童Kの学習履歴

126

一枚の画用紙に学級全員でアンケートを書いていた。そこに、児童Kが大きい文字で書きこんだため、他の児童の文字が見えなくなってしまったのである。このことについて児童Kと話し合ったところ、「みんなのアンケートを書き直す」と答えた。

児童Kは、その日のOPPシートに「気もちを考えてないからやりたいと思った」と記述した。自分の中でそうしたい気持ちがあっても、それをされたら相手はどんな気持ちになるのかを考えることが大切だと気付いたのである。これは児童Kの大きな変容だと見取ることができた。

これに加え、次の週に児童Kは休み時間を活用してアンケートを自分の手で修復したのであ

る。そのとき、まわりの友達も手伝っている姿が見られたので、「頑張っている人がいたら助け合うって大切だね」と学級全体に伝えた。

この行動だけでも児童Kの変容は見取ることができるが、さらにその週の学習履歴欄には「たすけあいがたいせつだと思った」と記述していた（図11右側）。友達に助けてもらうことで「たすけあいがたいせつ」と自覚することができたのである。

この2週間での児童Kの心の変容は言うまでもない。OPPシートなしではここまでの変容を見取ることはできなかったと考えられる。

児童の変容を見逃さないために、OPPシートは欠かせないと感じた。

6 教師用OPPシートでの振り返り

教師の言葉一つで、児童の行動や言動が変化する可能性が大いにある。私自身、本実践を通して、その影響力を心から感じた。

図12は教師用のOPPシートである。これにはその週に私が学級に伝えたこととその思いを書くようにしていた。教師用OPPシートと児童のOPPシートを見比べると、「一番大切だと思ったこと」が同じになっている場合が多かった。これは、2で述べたように、「本質的な問い」への回答が教師が伝えた言葉と同じであったことと同様に、教師の言葉の影響力を物語る現象だと言える。

教師の考えが子どもたちに伝わっていると同時に、教師が育てたい学級像を明確にしていないと、児童の考えによくない影響が及ぶ危険性もあると言える。

教師が使う言葉や考えがそのまま児童に伝わると考えると、これからも教師用OPPシートを活用して、教師が自身の教育観を振り返り、メタ認知することが重要だと思う。

1週間の終わりにその週の指導を振り返り、改善し、次週に生かしていくことで、児童も教師も成長し合えるような学級経営を今後も行っていきたいと、OPPシートを活用して強く感じた。

図12 教師用のOPPシートの学習履歴

12 OPPシートで教育実習生の指導

経験が浅くても伝えられる教師の魅力

まだ若手の私が教育実習生の指導をすることになった。OPPシートを使い、「先生」という職業について深く考えていく実習生。私自身も教師の魅力を再確認し、やりがいを感じる1か月となった。

OPPAを通した教師の変容

Before

「まだまだ教えてもらうことが多い立場の私に教育実習生の指導ができるのだろうか」と不安を抱いていた。何から指導していけばよいのか、今の大学生はどこまで勉強しているのかわからず手探り状態の中、OPPシートを使って見取りながら、指導の方針を考えていくことにした。

After

実習生は、OPPシートに記述していくことで、教育観や教員の魅力についてまで深く考えることができていた。私も不安を乗り越え、実習生に指導ができたことで自信につながった。初心に帰って授業を一から見直すことで、教員の魅力も改めて認識し、やりがいを感じる1か月となった。

OPPシートの構成

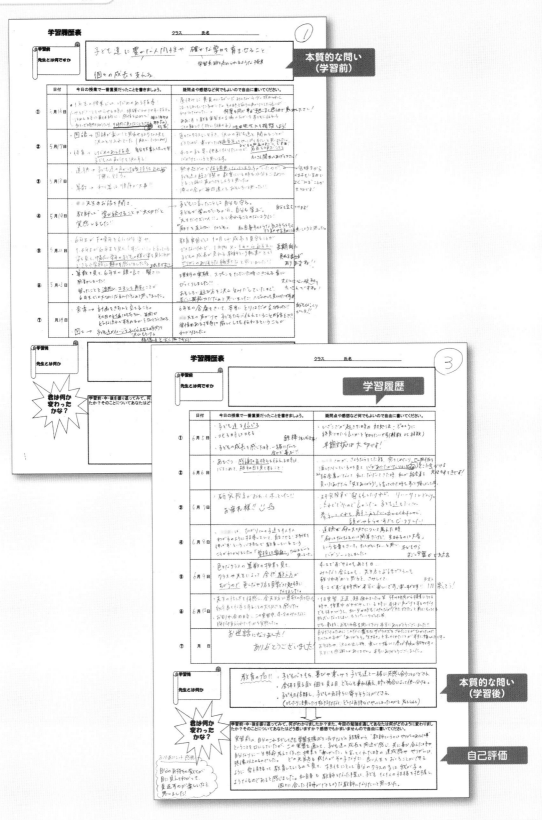

教育実習

全体目標

- 教育実習は、観察・参加・実習という方法で教育実践に関わることを通して、教育者としての愛情と使命感を深め、将来教員になるうえでの能力や適性を考えるとともに課題を自覚する機会である。
- 一定の実践的指導力を有する指導教員のもとで体験を積み、学校教育の実際を体験的・総合的に理解し、教育実践ならびに教育実践研究の基礎的な能力と態度を身に付ける。

文部科学省 (2021)「教育実習の意義や実施状況」
https://www.nii.ac.jp/event/upload/20210709-05_Mext.pdf(2023年10月9日　確認)

学習の流れ　　※はOPPシートから教師が気付いたこと

週	学習内容
1	● OPPシートの「本質的な問い」に回答する。 　➡ ■「先生とは何ですか」 ※大学で学んだことと現場で行っていることをつないでいく指導をすることが大切。 ● 講話・師範授業見学 　➡ ❷実習生との時間をどうつくったらよいのだろう…
2	➡ ❸OPPシートで児童と実習生の心をつなぐ ● 師範授業の見学 ● 各教科の指導法研修 ● 研究授業指導案の作成開始 ※他教員とも連携した指導を行いながら実習生の学びを見取ることができる。
3	● 授業実習 　国語「カンジー博士」　算数「割り算」「角度」 　理科「流れる水のはたらき」 　道徳「心の信号機」 　➡ ❹指導の指針になったOPPシート ※実習生は時間配分に困難を感じていたため、指導内容の精選が必要。
4	● 授業実習 ● 研究授業 　算数「角度」 　180度より大きい角度の測り方を考えよう。 ● 1日実習 ● 実習の振り返り ※「先生とは何か」を実習生自身が見いだし、教員の魅力に気付くことができた。 　➡ ❺教育実習生を通して感じた「教員の魅力」

❶ 「本質的な問い」の設定
「先生とは何ですか」

本実践で指導することになった教育実習生は大学4年生で、普段は学習ボランティアなどを行い、教員採用試験へ向けての勉強も行っている学生である。「教職現場に出てまだ4年目、経験の浅い私がどのように指導していけばよいか」「何を伝えられるのだろうか」と手探り状態だったため、OPPシートを使用しながら指導を行うことにした。本実践では、「本質的な問い」を「先生とは何ですか」に設定した。まずは、実際の教育現場を経験する中で「先生」という職業について共に考えていきたいと思ったからだ。

実習前では学習指導要領等にあげられている「豊かな人間性」や「確かな学力」といった言葉が見られたが、具体的な児童の姿とはつながっていないような印象を受けた。そこで、大学で学んでいることと現場をつなぐことが大切であると考え、指導目標を設定した。

実習中の記述は、授業実習に入る前の師範授業を受けた後のものである。どの授業でも児童の実態をもとにした授業を見学したことで児童理解や実態把握の大切さに気付いていた。実習後の「本質的な問い」を見ると、「教育のプロ」と表現した上で、実習前と比べてより具体的な内容となっていた。実習中は、「先生とは」という直接的な指導はしていないが、この「本質的な問い」で意識化されたことによって、教員という職業について実習生自ら深く考えることができていた。さらに、「喜びと楽しさを子ども達と一緒に共感し合うことができる」という記述は、まさに教員の魅力であり、教育実習を通して、この職業のよさを感じていることがわかった。日々の業務に追われ、教員の魅力をつい忘れてしまっていた私自身が、改めて教員として働くことのよさを、実習生を通して感じることができた。

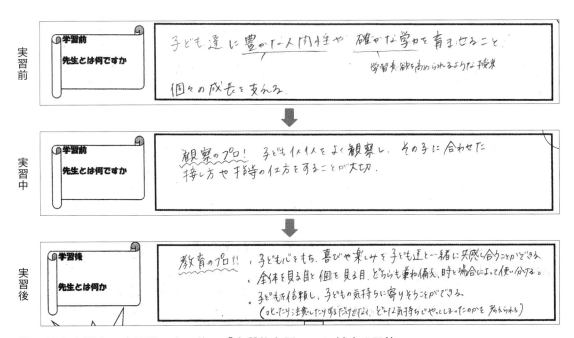

図1 教育実習生の実習前・中・後の「本質的な問い」に対する回答

2 実習生との時間をどうつくったらよいのだろう…

日々の業務をこなしながら実習生の指導を受け持つとなると、どうしても負担感を感じてしまうのではないだろうか。私自身も、普段の業務と並行して行わなければいけないという負担感が大きかった。しかし、教員なら誰しもが経験した教育実習を、自分が指導する側として関わることができるのだから、ただ「大変だった」で終わらせるのはもったいない。OPPシートを使えば、実習生にとっても私にとっても、教育実習を有意義なものにできるのではないかと考えた。

実際に実習が始まると、その日の振り返りや指導案の検討など、限られた時間の中で行わなければならなかった。こちらから伝えなければならないことだけでなく、実習生からのたくさんの疑問や質問に答えていく必要があった。しかし、OPPシートの実習履歴欄には、その日の学びの「一番重要だったこと」が一言でまとめられている。そのため、実習生の学びが即座に把握でき、限られた時間の中での指導を円滑に進めることができた。

実習履歴には、各教科の指導の特質など、教科主任から学んだことが端的にまとめられ、その記述から実習生の学びの見取りをすることができた（図2）。

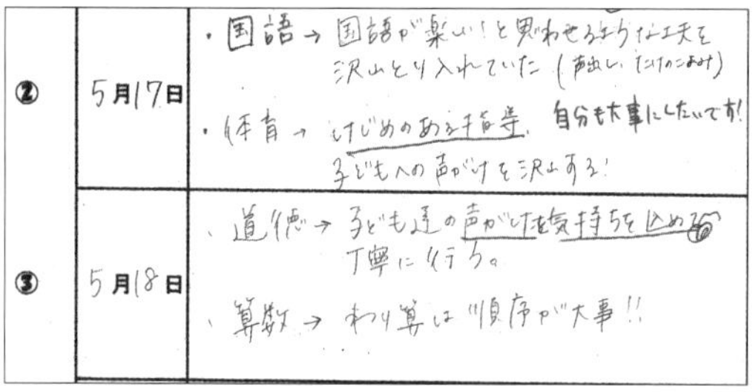

②	5月17日	・国語→国語が楽しい！と思わせるような工夫を沢山とり入れていた（音読、たけのこよみ） ・体育→けじめのある指導。自分も大事にしたいです！子どもへの声かけを沢山する！
③	5月18日	、道徳→子ども達の声かけを気持ちを込める◎ 丁寧に行う。 、算数→わり算は順序が大事!!

図2 師範授業を受けた日の振り返り

また、実習生は並行して毎日、見開き2ページの実習ノートを記録している。1日の各時間の記録とその日学んだことを記録しており、これは大学に提出するものである。成績にかかわってくるものであるため、なかなか本音が見えてこなかった。書く分量も多く、その日をまとめることで放課後が終わってしまい、枠を埋めていくことに精一杯の様子もあった。しかし、OPPシートは一言でまとめるため負担が少なかったと話していた。さらに、OPPシートには素直な気持ちを見取ることができ、その場では聞けなかった素朴な疑問や困ったことも書かれていた（図3）。この記述をもとに、実習生とのコミュニケーションを図りながら、実習生の抱えている問題を解決していくことができた。

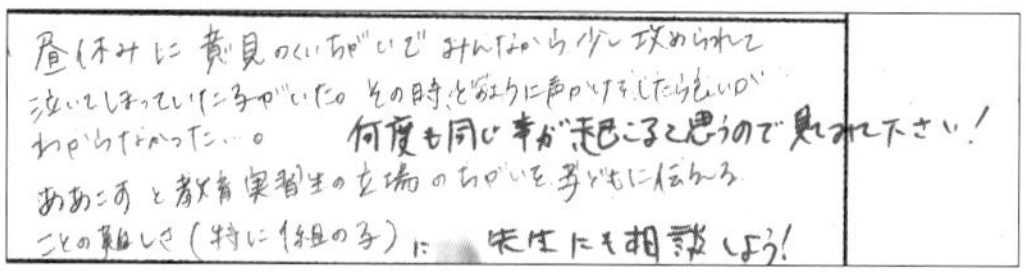

昼休みに意見のくいちがいでみんなから少し攻められて泣いてしまっていた子がいた。その時、どのように声かけをしたら良いかわからなかった…。　何度も同じ事が起こると思うので見てみて下さい！
あいさつと教育実習生の立場のちがいを子どもに伝わることの難しさ（特に1組の子）に　先生にも相談しよう！

図3 実習生の素直な悩み

OPPシートを用いたことによって、次の4点のよさがあったと考える。

①実習生の学びの見取りが簡単にできる。
②実習生の素直な悩みや疑問が引き出せる。
③指導すべき事柄がはっきりする。
④これらを、限られた時間の中で行うことを可能にする。

これらのことから、実習生と教師、双方の負担感が軽減された。時間的な余裕も生まれるため、日々の業務と並行して実習生の指導を行うことができ、さらにコミュニケーションの時間を多くとることもできた。

❸ OPPシートで児童と実習生の心をつなぐ

実習生は、1か月という短い期間の中で児童の実態を把握・理解し、信頼関係を築いていかなければならないことに対して、戸惑いの様子を見せていた。児童との距離感や話しかけ方など、一人一人と関わりながらつかんでいく必要がある。配慮が必要な児童など、大まかな情報共有は行っていたが、情報量も多く話しただけでは伝わりづらいこともあるため、実習生自身が実際に関わりながら把握していかなければならない。そのため、休み時間には必ず児童へ話しかけたり、授業中もよく観察をしたりして、児童を理解しようとする姿があった。時には、担任が直接把握ができていなかった生徒指導の課題を、実習生を通して早期に気付くことができたというケースもあった。しかし、実習生が生徒指導の課題に直面したときに、どのように対応したらよいのか戸惑ったまま、休み時間が終わってしまうこともあった。

図4のように、生徒指導の難しさについての記述があったため、「お互いの児童が納得すること」や発達の段階に応じた指導の必要性につ

> ・子ども同士の人間関係のいざこざを解決するのは、難しいと思いました‥‥
>
> ・いざこざが起きた時の対処法・どのように終息させたら良いかを知りたいです(複数 vs 複数)
> 早期対応は大切です!

図4 生徒指導上での悩み

> ・子ども達を信じる
> ・叱る時は叱る
> ・子どもの成長を感じた時、一緒になって
> 鉄棒 うれしかった!

図5 生徒指導で重要なこと

いて、事例をもとに指導を行った。実際に担任が学級指導を行う様子を見て、「叱るときは叱る」とメリハリのある指導の必要性を感じていた（図5）。

また、授業実習が始まると、児童用OPPシートを使用した授業も行った。OPPシートを活用したことにより、児童一人一人とのコミュニケーションを可能にすることができた。図6は、実習生が行った授業での児童の記述である。

このように実習生がOPPシートを見取り、コメントをすることで、話す機会が少ない児童とのコミュニケーションも図ることができた。さらに、授業中に指名できなかった児童に対しても、コメントでフォローを行うことができた。感想の欄には、関わりが深まるにつれて「実習

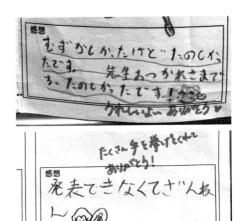

図6 児童の記述を通した
　　コミュニケーション

生との授業が楽しかった」といった趣旨の記述が多く見られるようになっていった。楽しかっただけでなく、その授業で理解してほしい事柄をしっかり捉えている記述も多く見られた。これについては次項で紹介する。

楽しくわかりやすい授業を行うことで、学習内容を通して教師と児童の交流は深まっていく。

4 指導の指針になったOPPシート

普段の授業でも子どもたちはOPPシートを使っており、理科の師範授業においてもOPPA論をもとにした授業を行った。4年「電気のはたらき」の第1時では、「本質的な問い」(図7)について考え、自由試行をする授業を行った。

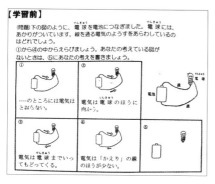

図7 授業で使用した「本質的な問い」

この師範授業において、以下の視点で振り返りを行った。

①「本質的な問い」を今後の授業で活用していくこと

②自由試行で出てきた児童の気付きをもとに、単元の計画を構成していくこと

③児童用OPPシートの振り返りから、今回の授業がどうだったかを見取り、授業改善をしていくこと

その際、実習生から「このシートって『指導と評価の一体化』じゃないですか」という言葉が出てきた。これは、実習生が大学や教員採用試験に向けて学習していることが、体験を伴って理解できたことを意味する。指導目標である「大学での学びと実際の教育現場での実践とつなぐこと」がまさに達成されたと感じた。

師範授業がひと通り終わったところで、授業実習が始まった。授業実習を指導するにあたって、授業の目標を達成させるための問いや流れを意識した授業の組み立て方を指導した。しか

し、実際に行ってみると、実習生は児童の意見をどこまで扱うのか、どこまで丁寧な説明が必要かなどがつかめきれず、時間内にこなすことで精一杯であった。実習生の振り返りにも、時間配分がうまくいかずに悩む姿が見られた(図8)。

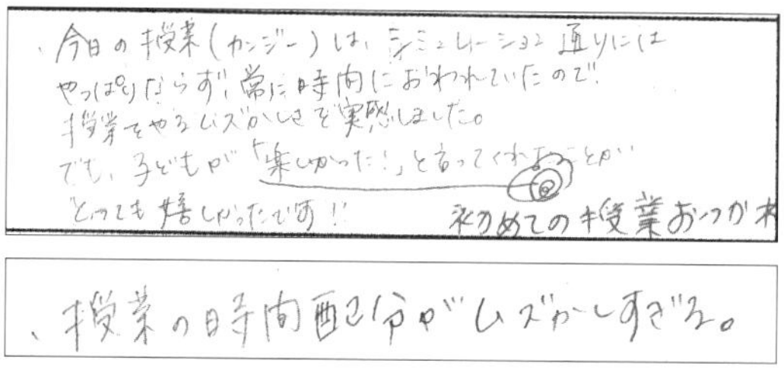

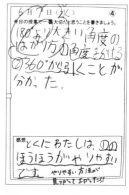

図8 授業実習の振り返り

そこで、指導方針を修正し、おさえなければならない事項や広がった意見のまとめ方などをふまえて、まずは45分の時間内で収めるという基本的な指導から始めることにした。さらに、時間的な課題に限らず、児童が授業をどのくらい理解しているかについても、児童用OPPシートの振り返りから見取ることができた。

研究授業では、算数「180度より大きい角度の測り方」の授業を行った。その後の研究協議では、児童の記述(図9)をもとに議論を進めた。指導目標と児童のずれや授業改善の視点などについて、感覚ではなく、児童の記述をもとにした根拠のある協議を行うことができた。この方法であれば、経験が浅くとも指導の視点を明確にすることができる。

図9 研究授業での児童の振り返り

5 教育実習生を通して感じた「教師の魅力」

　教育実習生の指導を通して、日々多忙な中でつい忘れてしまいがちなたくさんの「教師の魅力」を、私自身が大いに感じることができた。

　教師が児童の成長に関わることのできる場面は数多くあるが、実習生にとってはその一瞬一瞬がかけがえのないものであり、日々の成長に感動する姿を見ることができた（図10）。児童の成長に関わる一つ一つの瞬間を大切にしていきたいと頭ではわかっていたものの、通り過ぎてしまうことが増えていたと自分自身を反省しつつ、「これこそが教師の魅力だった！」と強く感じた。

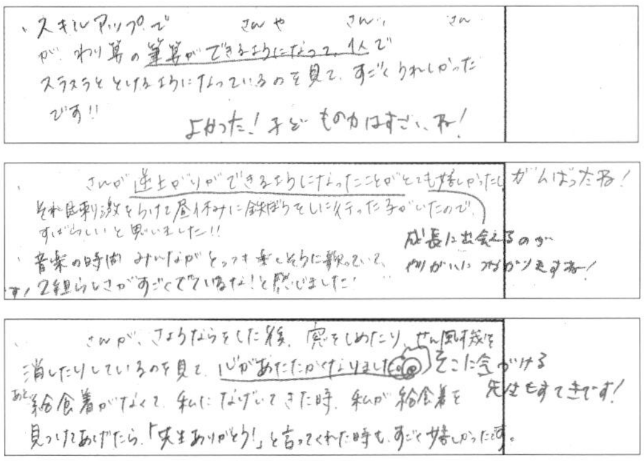

![図10 児童の成長に関する実習生の記述]

図10 児童の成長に関する実習生の記述

　1か月間の教育実習が終了したとき、自己評価欄の記述からは、実習前後の自分自身の変容（成長）を実感している姿が見られた（図11）。

　「自分の気持ちの変化が目に見えてわかって見返すのが楽しい」という記述には、自分自身の成長を素直に喜ぶ気持ちがあふれていた。

　実習生は学習ボランティアで児童と触れ合う機会はあり、「やりがいのある仕事」というイメージをもっていたが、実際に授業をしてみて、その大変さや児童の成長、笑顔に触れ合ったことで、達成感ややりがいが「想像以上のもの」となった。さらに、「子ども一人一人の性格を把握し、個々に合った指導ができるような教師」という理想の教師像まで確立していた。

　実習生が「先生とは何か」について深く考え、教師の魅力を感じ、「理想の教師像」を確立できたのは、OPPシートの貢献が大きい。私が実習生の学びを見取り、指導に生かせたこと、さらに実習生自身も児童の学びを見取り、授業実習に生かせたことは、OPPシートなくしては実現できなかっただろう。

　指導教員として至らない点も数多くあったが、実習生の指導としては有意義なものにできたのではないかと振り返る。4年目で指導ができるのかという不安を乗り越え、自信につなげることができた。実習生は、この経験をもとに現場へ出ても「よい教師」として活躍してくれるだろうと確信している。

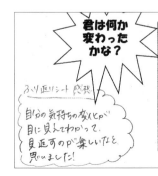

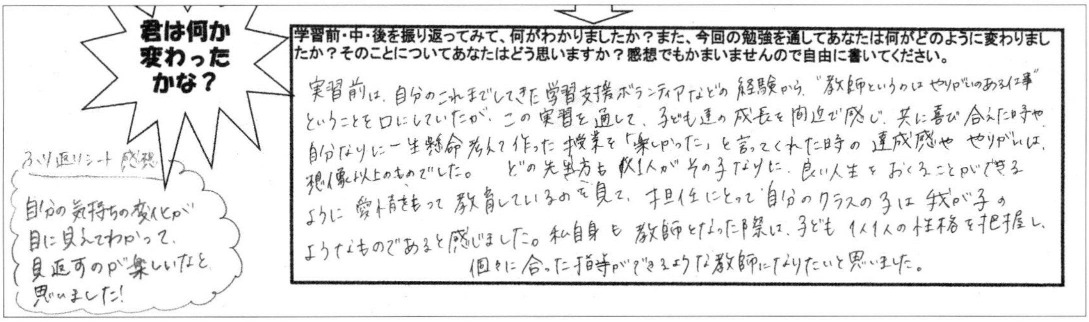

図11 実習後の振り返り「教員の魅力や理想の教師像」

付録 OPPシートのテンプレート

使用にあたって

- A3用紙に表と裏を両面印刷して使用してください。
- 学習者が記述するスペースを確保するために、学習履歴欄は六つか七つ程度に収めるとよいです。単元あるいは章単位で使用する際、学習履歴欄の数が足りない場合は、OPPシートを複数枚使用し、むやみに欄を増やさないようにしましょう。
- 「保護者より一言」の欄は削除、あるいは学習者の状況に応じて別の用途に使用してもよいでしょう。

ダウンロードにあたって

付録のテンプレートは、東洋館ホームページ内にある「マイページ」からダウンロードすることができます。会員登録および下記のユーザー名とパスワードが必要になります。以下の手順でダウンロードしてください。

❶東洋館出版社オンラインへアクセス。https://www.toyokan.co.jp
❷会員登録済みの方はログイン、会員登録がまだの方はアカウント作成。
❸マイページにある「ダウンロードページ」をクリック。
❹対象の書籍をクリック。下のユーザー名、パスワードを入力。

ユーザー名	oppa2	パスワード	Q4ipr7nL

注意点および著作権について

- Microsoft Office Wordで作成し、Word 97-2003 文書の形式で保存しています。お使いのOSやアプリケーションのバージョンによっては、レイアウトが崩れる可能性がありますので、あらかじめご了承ください。
- 著作権法での例外規定を除き、無断で複製することは法律で禁じられています。
- 収録されているファイルは、営利目的であるか否かにかかわらず、第三者への譲渡、貸与、販売、頒布、インターネット上での公開等を禁じます。
- ただし、購入者が学校で必要枚数を児童生徒に配付する場合は、この限りではありません。ご使用の際、クレジットの表示や個別の使用許諾申請等の必要はありません。

免責事項・お問い合わせについて

- ファイル使用で生じた損害、障害、被害、その他いかなる事態についても弊社は一切の責任を負いかねます。
- お問い合わせは、次のメールアドレスでのみ受け付けます。tyk@toyokan.co.jp
- パソコンやアプリケーションソフトの操作方法については、各製造元にお問い合わせください。

OPPシート

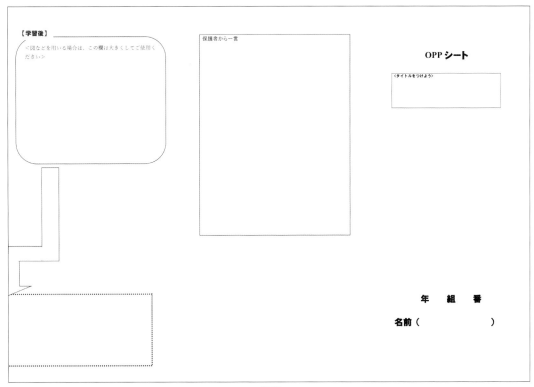

表

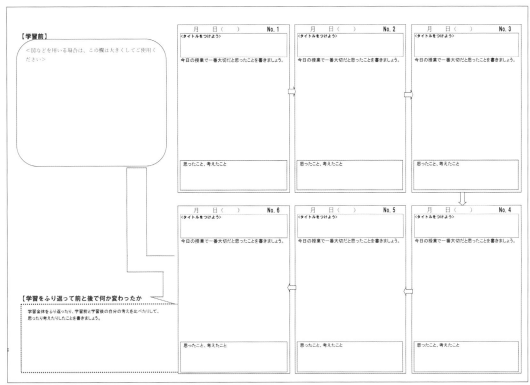

裏

おわりに

編集方針として、各実践において、「本質的な問い」の設定理由（効果）を記載している。執筆者の中には、当初「……とは何か」という文言に戸惑いをおぼえた人もいたようであった。実際に、研修会や講演会でも、これに関する質問は多い。それは、OPPA論の開発者である堀哲夫が指摘するように、そのような「問い」を授業において設定した経験が乏しいからであろう。これまで多くの教師は、授業中に教師が想定する答えを導くための「問い」を設定し、これに対する児童の回答に対して正誤の判断をし、誤答を正答に導くのが己の役割だと信じ、教育活動を行ってきたと思われる。もちろん、言うまでもなくそのような「問い」も重要である。しかし、昨今注目を集めている「非認知能力」の育成には、物事の「本質」をつかむための「答えがない」あるいは「答えが一つでない」問いの機能が欠かせない。この問いによる教師の想定を超えた児童生徒の学びを目の当たりにすることが、教師に授業改善の視点をもたらし、「学習者主体の学び」の実現を可能にする。本書に掲載された実践はそれを示すものである。

また、今回特筆すべきはみずほリサーチ＆テクノロジーズ株式会社との共同研究の成果の一部を掲載できたことである。みずほさんは、共同研究の申し出を行うにあたり、一年もの時間をかけて社内で検討し、決定したそうである。1回目の打ち合わせにおいてすぐにわかったこ

とだが、深くOPPA論を理解し、VUCAの時代と言われる中で、学校現場にとどまらない一般社会におけるその可能性について、すでに見抜いていた。そんな彼らと議論を重ねた経験は、これからのOPPA論研究にとって得がたいものとなった。

最後になるが、今回も堀先生の監修の下、再びOPPA論の書籍を出版できる喜びをかみしめるとともに、ご執筆いただいた先生方に深くお礼を申し述べたい。一人一人とやりとりする中で、今回も多くのことを学ばせていただくと同時に、その思いを受け取ることができた。また、東洋館出版社の上野絵美氏には、これまでと同様、心強い言葉をいくつもいただきながら今回も粘り強く支えていただいた。こうやって人に恵まれるありがたさを痛感している。

みなさま本当にありがとうございました。
本書を手にしたみなさまの忌憚のないご意見・ご感想をお待ちしています。

2024年1月
OPPA論研究会会長　中島雅子
https://sites.google.com/view/nakajimalab/

監修者・編著者紹介

監修

堀 哲夫
Tetsuo Hori

山梨大学名誉教授・名誉参与。
1948年愛知県生まれ。元山梨大学理事・副学長。
一枚ポートフォリオ評価（OPPA）論の開発者。
著書に『子どもの学びを育む 一枚ポートフォリオ評価 理科』(編著)『子どもの成長が教師に見える 一枚ポートフォリオ評価 小学校編』(編著)『子どもの成長が教師に見える一枚ポートフォリオ評価 中学校編』(編著)『授業と評価をデザインする 理科』(共著、以上日本標準)、『理科教育学とは何か─子どもの科学的概念の形成と理解研究を中心にして─』『理科授業力向上講座─よりよい授業づくりのために─』(編著)『教育評価の本質を問う 一枚ポートフォリオ評価OPPA－一枚の用紙の可能性－』『自主学習ノートへの挑戦－自ら学ぶ力を育てるために－』(共著)『新訂 一枚ポートフォリオ評価OPPA 一枚の用紙の可能性』『一枚ポートフォリオ評価論OPPAでつくる授業－子どもと教師を幸せにする一枚の紙－』(監修、以上東洋館出版社)『問題解決能力を育てる理科授業のストラテジー－素朴概念をふまえて－』(編著、明治図書) など多数。

編著

中島雅子
Masako Nakajima

埼玉大学教育学部准教授。OPPA論研究会会長。
1962年山梨県甲府市生まれ。
1985年より、公立高等学校の理科（化学）教師として30年間勤務するかたわら、大学院にて研究に取り組む。2015年より現職。
2007年山梨大学大学院教育学研究科修士課程修了 修士（教育学）。
2011年京都大学大学院教育学研究科修士課程修了 修士（教育学）。
2015年兵庫教育大学大学院連合学校教育学研究科博士課程修了 博士（学校教育学）。
専門分野は、自己評価による資質・能力の育成とその評価、自己評価による学習・授業改善。
著書に『自己評価による授業改善 OPPAを活用して』『一枚ポートフォリオ評価論OPPAでつくる授業－子どもと教師を幸せにする一枚の紙－』(編著、以上東洋館出版社) などがある。

執筆者一覧

＊所属は2024年2月現在。執筆順。

堀 哲夫	前掲	第1章1
中島雅子	前掲	第1章2
関山佑一	みずほリサーチ&テクノロジーズ株式会社	第1章3
新居唯志	みずほリサーチ&テクノロジーズ株式会社	第1章3
酒井美奈子	兵庫県丹波篠山市立城南小学校	第2章1
榎本充孝	埼玉県春日部市教育委員会	第3章2・10
坪田隆平	埼玉県杉戸町立杉戸小学校	第2章3・6
稲垣貴子	愛知県名古屋市立西味鋺小学校	第2章4
三本雄樹	新潟県新潟市立小針小学校	第2章5・9
岩本祐弥	東京都練馬区立旭丘小学校	第2章7
長谷川由華	埼玉県さいたま市立沼影小学校	第2章8・11
宮澤裕祐	埼玉県小川町立小川小学校	第2章12

一枚ポートフォリオ評価論

OPPAでつくる授業

小学校編

2024（令和6）年3月9日　初版第1刷発行

監修者：堀 哲夫
編著者：中島雅子
発行者：錦織圭之介
　　　　〒101-0054　東京都千代田区神田錦町2丁目9番1号
　　　　コンフォール安田ビル2階
　　　　代表　　電話03-6778-4343　FAX 03-5281-8091
　　　　営業部　電話03-6778-7278　FAX 03-5281-8092
　　　　振替　00180-7-96823
　　　　URL　https://www.toyokan.co.jp

装丁・本文デザイン：大悟法淳一、大山真葵（ごぼうデザイン事務所）
イラスト：赤川ちかこ（オセロ）
印刷・製本：株式会社シナノ

ISBN978-4-491-05430-8　Printed in Japan

OPPA論をより深く理解するために
おすすめの3冊

校種も教科も問わない画期的な評価法「一枚ポートフォリオ評価論OPPA」。
子どもが一枚の用紙に学習前・中・後の履歴を記録し、子ども自身が自己評価。
シンプルな構造なのに、なぜ効果絶大なのか？
その秘密を理論的に解き明かす2冊と、豊富な実践が掲載された1冊を紹介する。

新訂 一枚ポートフォリオ評価OPPA
一枚の用紙の可能性

堀 哲夫著

四六判・280ページ
定価2,200円
（税込2,420円）税込10%

詳細はコチラ

自己評価による授業改善
OPPAを活用して

中島雅子著

A5判・128ページ
定価2,500円
（税込2,750円）税込10%

詳細はコチラ

一枚ポートフォリオ評価論
OPPAでつくる授業
―子どもと教師を幸せにする一枚の紙―

堀 哲夫監修
中島雅子編著

B5判・192ページ
定価2,200円
（税込2,420円）税10%

詳細はコチラ